KLAUS PETER JANK

Die Rundfunkanstalten der Länder und des Bundes

Schriften zum Öffentlichen Recht

Band 60

Die Rundfunkanstalten
der Länder und des Bundes

Eine systematische Darstellung ihrer organisatorischen Grundlagen

Von

Dr. jur. Klaus Peter Jank

DUNCKER & HUMBLOT / BERLIN

Alle Rechte vorbehalten
© 1967 Duncker & Humblot, Berlin 41
Gedruckt 1967 bei Buchdruckerei Bruno Luck, Berlin 65
Printed in Germany

Vorwort

Die Organisation des Rundfunks in Bund und Ländern ist seit langem Gegenstand lebhafter Erörterungen. Im Mittelpunkt der wissenschaftlichen Auseinandersetzung steht die Frage nach den verfassungsrechtlichen Grundlagen. Es ist nach wie vor umstritten, welchen Inhalt die in Art. 5 I GG gewährleistete „Rundfunkfreiheit" hat und welche Folgerungen aus dieser Verfassungsgarantie für die organisatorische Gestaltung der Rundfunkträger zu ziehen sind. Die bestehenden Gegensätze sind auch durch das Fernsehurteil des BVerfG (E 12, 205 ff.) nicht überbrückt, sondern — wie vor allem in der Urteilskritik von Bettermann DVBl. 1963 S. 41 und der Entgegnung von Lenz JZ 1963 S. 338 deutlich wird — eher noch verschärft worden.

Neben dem Kernproblem, welche Organisation der Rundfunk nach der Verfassung haben soll, hat aber auch die Frage, wie er tatsächlich organisiert ist, eine eigene Bedeutung. Das Organisationsrecht des Rundfunks ist wegen seiner Zersplitterung in elf Rundfunkordnungen der Länder und des Bundes nur schwer überschaubar. Eine fundierte verfassungsrechtliche Beurteilung setzt deshalb voraus, daß die rechtliche Gestalt der Rundfunkträger durch eine umfassende systematische Untersuchung sichtbar gemacht wird. Hierzu soll die vorliegende Darstellung einen Beitrag leisten. Sie behandelt die Ordnungsprinzipien, denen die Rundfunkgesetzgeber bei der Errichtung der Rundfunkanstalten gefolgt sind, die innere Struktur der Anstaltsorgane, die Kompetenzverteilung innerhalb der Anstalten und die Regelungen der von außen auf die Anstalten einwirkenden Staatsaufsicht. Das Haushalts- und Finanzwesen der Anstalten ist dagegen wegen seiner spezifisch finanzrechtlichen Problematik ausgeklammert worden.

Die Schrift ist von der Juristischen Fakultät der Freien Universität Berlin als Dissertation angenommen worden. Sie wurde von Herrn Prof. Dr. Karl August Bettermann betreut, dem ich zu aufrichtigem Dank verpflichtet bin.

Klaus Peter Jank

Inhaltsverzeichnis

Erstes Kapitel

**Grundlagen und Grundgedanken
der Organisation der Rundfunkanstalten**

I. *Die bestehenden Anstalten* 15
   1. Ihre Entstehung 15
   2. Ihre Organisation 17
II. *Die Ordnungsgrundsätze* 18
   1. Die unter maßgeblichem alliierten Einfluß errichteten Anstalten 19
   2. Die unter nachlassendem alliierten Einfluß errichteten Anstalten 20
   3. Die unter alleiniger deutscher Verantwortung errichteten Anstalten 21
   4. Die Organisation der Anstalten nach dem Fernsehurteil des BVerfG 22

Zweites Kapitel

Die Struktur der Anstaltsorgane

A. *Der Rundfunkrat* 24

   I. *Formen des Rundfunkrats* 24
      1. Der Typ des pluralistischen Rundfunkrats 24
         a) Seine Bildung 25
         b) Seine Zusammensetzung 27
         c) Die bestimmenden Strukturmerkmale................. 28
      2. Der Typ des staatlich-politischen Rundfunkrats 32
         a) Der parlamentarisch gebildete Rundfunkrat 32
         b) Der parlamentarisch-bürokratisch gebildete Rundfunkrat .. 35
         c) Gemeinsame Strukturmerkmale 36
      3. Mischformen 37

   II. *Die Rechtsstellung der Mitglieder des Rundfunkrats* 42
      1. Aufgaben der Mitglieder und ihr Verhältnis zu den auswahlberechtigten Stellen 42

Inhaltsverzeichnis

a) Freies Mandat bei voller persönlicher Unabhängigkeit 43
b) Freies Mandat bei beschränkter persönlicher Unabhängigkeit 45
c) Freies Mandat bei fehlender persönlicher Unabhängigkeit .. 47
d) Imperatives Mandat 48

2. Erwerb der Mitgliedschaft 49
   a) Persönliche Voraussetzungen 49
   b) Bestellung 51

3. Beginn und regelmäßige Dauer der Mitgliedschaft 52

4. Rechte und Pflichten der Mitglieder 52
   a) Grundsätze der Amtsführung 52
   b) Inkompatibilitäten 54
   c) Auslagenersatz, Aufwandsentschädigung 56

5. Vertretung in der Mitgliedschaft 56

6. Vorzeitiger Verlust der Mitgliedschaft 57

III. *Der Rundfunkrat — eine Repräsentation der Allgemeinheit?* 59
   1. Der pluralistische Rundfunkrat 59
   2. Der staatlich-politische Rundfunkrat 62

B. Der Verwaltungsrat 63

I. *Formen des Verwaltungsrats* 63
   1. Der pluralistisch gegliederte Verwaltungsrat 63
      a) Seine Bildung 63
      b) Seine Zusammensetzung 63
   2. Der politisch gegliederte Verwaltungsrat 66

II. *Rechtsstellung der Mitglieder des Verwaltungsrats* 66
   1. Aufgaben der Mitglieder und ihr Verhältnis zu den auswahlberechtigten Stellen 66
   2. Erwerb der Mitgliedschaft 68
   3. Beginn und Dauer der Mitgliedschaft 69
   4. Rechte und Pflichten der Mitglieder 70
   5. Vertretung in der Mitgliedschaft 70

C. Der Intendant 71

I. *Monokratischer Aufbau der Anstaltsleitung* 71

II. *Rechtsstellung des Intendanten* 72
   1. Amtserwerb 72

a) Persönliche Voraussetzungen 72
b) Bestellung 73
2. Beginn und regelmäßige Dauer des Amtes 75
3. Rechte und Pflichten des Intendanten 76
   a) Grundsätze der Amtsführung 76
   b) Inkompatibilitäten 76
   c) Vermögensrechtliche Ansprüche 76
4. Vertretung im Amt 77
5. Vorzeitiger Amtsverlust 77

Drittes Kapitel

Die Kompetenzen der Anstaltsorgane und ihre Stellung zueinander

I. *Die Kompetenzverteilung* 81
  1. Anstalten mit pluralistisch gegliederten Kollegialorganen 81
    a) Rundfunkrat und Verwaltungsrat 82
    b) Der Intendant 84
    c) Abweichende Regelungen 85
  2. Anstalten mit politisch gegliederten Kollegialorganen 89
II. *Die Stellung der Organe zueinander* 92
  1. Rundfunkrat und Verwaltungsrat 92
  2. Kollegiale Organe und Intendant 93

Viertes Kapitel

Die Staatsaufsicht über die Rundfunkanstalten

I. *Das Bestehen einer Staatsaufsicht* 97
  1. Aufsichtsunterworfene Anstalten 97
  2. Aufsichtsfreie Anstalten 98
    a) Ursprüngliche Rechtslage 98
    b) Änderung der Rechtslage nach Aufhebung des Besatzungsstatuts? 99
II. *Inhalt und Umfang der Staatsaufsicht* 103
III. *Mittel der Staatsaufsicht* 105
  1. Vorbereitende Aufsichtsmittel 105
  2. Vorbeugende Aufsichtsmittel 107
  3. Berichtigende Aufsichtsmittel 107

IV. Aufsichtsorgane 109

V. Rechtsschutz gegen Aufsichtsmaßnahmen 111

VI. Die Finanzkontrolle der Rechnungshöfe als Sonderform staatlicher Aufsicht 111

Schlußbetrachtung 116

Anhang 119

I. Rechtsgrundlagen 119

II. Materialien 121

Schrifttumsverzeichnis 124

Abkürzungsverzeichnis

a.a.O.	=	am angegebenen Ort
ABl.	=	Amtsblatt
Abt.	=	Abteilung
a.F.	=	alte Fassung
APF	=	Archiv für das Post- und Fernmeldewesen
AGG	=	Arbeitsgerichtsgesetz v. 3. 9. 1953 (BGBl. I S. 1267) i. d. F. v. 27. 11. 1964 (BGBl. I S. 933)
AH v. Berlin	=	Abgeordnetenhaus von Berlin
AktG	=	Aktiengesetz v. 6. 9. 1965 (BGBl. I S. 1089)
Amtl. Begr.	=	Amtliche Begründung
Anm.	=	Anmerkung
AöR	=	Archiv des öffentlichen Rechts
Art.	=	Artikel
Aufl.	=	Auflage
Ausssch.	=	Ausschuß
bad.	=	badisch
BAnz.	=	Bundesanzeiger
bay.	=	bayerisch
Bay. Verf.	=	Verfassung des Freistaates Bayern v. 2. 12. 1946 (GVBl. S. 333).
BBG	=	Bundesbeamtengesetz v. 14. 7. 1953 (BGBl. I S. 551) i. d. F. v. 22. 10. 1965 (BGBl. I S. 1776).
Bd.	=	Band
berl.	=	berliner
berlAZG	=	Gesetz über die Zuständigkeit in der allgemeinen Berliner Verwaltung v. 2. 10. 1958 (GVBl. S. 947) i. d. F. v. 18. 12. 1964 (GVBl. S. 252)
berlRHG	=	Gesetz über den Rechnungshof von Berlin v. 21. 7. 1966 (GVBl. 1145)
BestechungsVO	=	Verordnung gegen Bestechung und Geheimnisverrat nichtbeamteter Personen v. 3. 5. 1917 (RGBl. I S. 393) i. d. F. v. 22. 5. 1943 (RGBl. I S. 352)
BGB	=	Bürgerliches Gesetzbuch v. 18. 8. 1896 (RGBl. S. 195) i. d. F. v. 5. 8. 1964 (BGBl. I S. 593)
BGBl.	=	Bundesgesetzblatt
BR	=	Bayerischer Rundfunk
brem.	=	bremisch
bremRHG	=	Gesetz, betreffend den Rechnungshof der Freien Hansestadt Bremen v. 15. 11. 1949 (GBl. 229)
BRHG	=	Gesetz über die Errichtung und Aufgaben des Bundesrechnungshofs v. 27. 11. 1950 (BGBl. I S. 765) i. d. F. v. 8. 9. 1961 (BGBl. I S. 1665)
BRRG	=	Rahmengesetz zur Vereinheitlichung des Beamtenrechts (Beamtenrechtsrahmengesetz) v. 1. 7. 1957 (BGBl. I S. 667) i. d. F. v. 22. 10. 1965 (BGBl. I S. 1754)

Abkürzungsverzeichnis

BT-Drucks.	=	Bundestagsdrucksache
BVerfG	=	Bundesverfassungsgericht
BVerfGE	=	Amtliche Sammlung der Entscheidungen des Bundesverfassungsgerichts
BVerwG	=	Bundesverwaltungsgericht
bw.	=	baden-württembergisch
DLF	=	Deutschlandfunk
Diss.	=	Dissertation (juristische)
DVBl.	=	Deutsches Verwaltungsblatt
DVO	=	Durchführungsverordnung
DW	=	Deutsche Welle
EVwVerfG	=	Musterentwurf eines Verwaltungsverfahrensgesetzes mit Begründung, Köln u. Berlin 1964
G	=	Gesetz
GBl.	=	Gesetzblatt
GG	=	Grundgesetz für die Bundesrepublik Deutschland v. 23. 5. 1959 (BGBl. S. 1) i. d. F. v. 30. 7. 1965 (BGBl. I S. 649)
GjS	=	Gesetz über die Verbreitung jugendgefährdender Schriften i. d. F. v. 29. 4. 1961 (BGBl. I S. 497)
GMBl.	=	Gemeinsames Ministerialblatt
GVBl.	=	Gesetz- und Verordnungsblatt
GVG	=	Gerichtsverfassungsgesetz v. 27. 1. 1877 (RGBl. I S. 41) i. d. F. v. 19. 12. 1964 (BGBl. I S. 1067)
H.	=	Heft
hamb.	=	hamburgisch
hess.	=	hessisch
hessStaatshaushaltsO	=	Hessische Staatshaushaltsordnung v. 4. 7. 1949 (GVBl. S. 91)
HR	=	Hessischer Rundfunk
Hrsg.	=	Herausgeber
i. d. F.	=	in der Fassung
i. V. m.	=	in Verbindung mit
JöR N. F.	=	Jahrbuch des öffentlichen Rechts der Gegenwart, Neue Folge
JZ	=	Juristenzeitung
LT-Drucks.	=	Landtagsdrucksache
LT-Prot.	=	Landtagsprotokolle, Stenographische Berichte
Mündl. Begr.	=	Mündliche Begründung
Mündl. Ber.	=	Mündlicher Bericht
NDR	=	Norddeutscher Rundfunk
nds.	=	niedersächsisch
Neubek.	=	Neubekanntmachung
nw.	=	nordrhein-westfälisch
NWDR	=	Nordwestdeutscher Rundfunk
NWDR-V	=	Staatsvertrag über die Liquidation des Nordwestdeutschen Rundfunks und die Neuordnung des Rundfunks im bisherigen Sendegebiet des Nordwestdeutschen Rundfunks v. 16. 2. 1955 (nwLT-Drucks. III/Nr. 89)
nwRHG	=	Gesetz über die Errichtung eines Landesrechnungshofes und die Rechnungsprüfung v. 6. 4. 1948 (GVBl. S. 129
o. Jg.	=	ohne Jahrgang
OVG	=	Oberverwaltungsgericht
RB	=	Radio Bremen

Abkürzungsverzeichnis 13

RegBl.	=	Regierungsblatt
RGBl.	=	Reichsgesetzblatt
RHO	=	Reichshaushaltsordnung (RHO) v. 31. 12. 1922 (RGBl. II 1923 S. 17) i. d. F. v. 20. 8. 1960 (BGBl. I S. 705)
rhpf.	=	rheinland-pfälzisch
RuF	=	Rundfunk und Fernsehen
RuH	=	Rufer und Hörer
S	=	Satzung
S.	=	Seite
saar.	=	saarländisch
saarRHG	=	Gesetz Nr. 780 über den Rechnungshof des Saarlandes (Rechnungshofgesetz — RHG) v. 26. 6. 1963 (ABl. S. 416)
schlh.	=	schleswig-holsteinisch
Schriftl. Ber.	=	Schriftlicher Bericht
SDR	=	Süddeutscher Rundfunk
SFB	=	Sender Freies Berlin
Sp.	=	Spalte
SR	=	Saarländischer Rundfunk
StAnz.	=	Staatsanzeiger
Stat. Jahrb.	=	Statistisches Jahrbuch für die Bundesrepublik Deutschland, 1965
StGB	=	Strafgesetzbuch v. 15. 5. 1871 (RGBl. I S. 127) i. d. F. v. 26. 11. 1964 BGBl. I S. 921)
SWF	=	Südwestfunk
UFITA	=	Archiv für Urheber-, Film-, Funk- und Theaterrecht
V	=	Vertrag, Staatsvertrag
Verf.	=	Verfassung
VerfGH	=	Verfassungsgerichtshof
VG	=	Verwaltungsgericht
VGH	=	Verwaltungsgerichtshof
VO	=	Verordnung
VwGO	=	Verwaltungsgerichtsordnung (VwGO) v. 21. 1. 1960 (BGBl. I S. 17) i. d. F. v. 5. 8. 1964 (BGBl. I S. 593)
VVDStRL	=	Veröffentlichungen der Vereinigung der Deutschen Staatsrechtslehrer
wb.	=	württemberg-badisch
WDR	=	Westdeutscher Rundfunk
whz.	=	württemberg-hohenzollerisch
ZDF	=	Zweites Deutsches Fernsehen
ZSR	=	Zeitschrift für Schweizerisches Recht
ZustG	=	Zustimmungsgesetz

Erstes Kapitel

Grundlagen und Grundgedanken der Organisation der Rundfunkanstalten

I. Die bestehenden Anstalten

1. Ihre Entstehung

In der Bundesrepublik einschließlich des Landes Berlin bestehen gegenwärtig zwölf Rundfunkanstalten: zehn der Länder und zwei des Bundes[1]. Die Landesrundfunkanstalten wenden sich mit Rundfunk- und Fernsehdarbietungen an die Bevölkerung des Bundesgebietes[2], während die Sendungen der Bundesrundfunkanstalten für Gesamtdeutschland und das Ausland bestimmt sind[3].

Die gegenwärtige Organisation der Anstalten beruht nicht auf einem einheitlichen Entstehungsakt oder auf gemeinsamer Planung von Bund und Ländern, sondern ist in mehreren Entwicklungsphasen gewachsen[4].

(1) Der *Bayerische Rundfunk*, der *Hessische Rundfunk*, *Radio Bremen* und der *Süddeutsche Rundfunk* gehören zu den ersten Anstaltsgründungen der Nachkriegszeit. Sie entstanden in den Jahren 1948/49 in den Ländern der ehemaligen amerikanischen Besatzungszone unter maßgeblichem Einfluß der Besatzungsmacht[5]. Die US-Militärregierung überließ zwar den Erlaß der Organisationsgesetze den Landesgesetzgebern. Sie legte aber die Grundzüge der Organisation durch Direk-

---

[1] Ihre Rechtsgrundlagen (Gesetze, Staatsverträge der Länder, Rechtsverordnungen, Satzungen) sowie die wichtigsten Gesetzesmaterialien sind im Anhang zusammengestellt.

[2] Art. 2 BR-G, § 2 HR-G, § 3 I NDR-V, § 9 II SR-G, § 2 SFB-S, § 1 SDR-S, § 3 III SWF-V, § 3 I WDR-G.

[3] §§ 1 I, 5 I DLF/DW-G. Sendungen für Gesamtdeutschland sind in erster Linie an die Hörer im anderen Teil Deutschlands gerichtet, werden aber auch direkt in das Bundesgebiet ausgestrahlt. Zur verfassungsrechtlichen Problematik dieser Bundeskompetenz vgl. *Lerche*, Deutschlandfunk, S. 18—24.

[4] Aus dem Rundfunkschrifttum können folgende Gesamtdarstellungen hervorgehoben werden: *Albath*, Rundfunkorganisation, S. 82 ff., *Magnus*, Rundfunk, S. 25 ff., *Reichert*, Rundfunkautonomie, S. 32 ff., *Schuster*, APF 1949, S. 309 ff., *Ziegler*, Deutscher Rundfunk, S. 71 ff. und Intern. Hdb. f. Rundfunk u. Fernsehen, Teil C, S. 8—13.

[5] Zu den Einzelheiten *Reichert* S. 32—94 u. *Ziegler* S. 71—93.

tiven und Weisungen fest und stimmte den ihr unterbreiteten Gesetzentwürfen erst zu, nachdem alle ihre Bedingungen erfüllt waren. Die von ihr durchgesetzte Grundordnung ist im wesentlichen unverändert erhalten geblieben.

(2) *Südwestfunk* und *Sender Freies Berlin* erhielten die Grundlagen ihrer gegenwärtigen Verfassung in einer Übergangsphase. Der Südwestfunk beruht auf einem Staatsvertrag der Länder Baden, Württemberg-Hohenzollern und Rheinland-Pfalz[6], der im Jahre 1951 die ursprüngliche Rechtsgrundlage, eine Verordnung der französischen Militärregierung, ersetzte; der Sender Freies Berlin wurde 1953 in den drei Westsektoren Berlins durch Landesgesetz errichtet. Beim Aufbau beider Anstalten hatten die deutschen Rundfunkgesetzgeber freiere Hand als bei früheren Anstaltsgründungen, da sowohl die französische Militärregierung als auch die Alliierte Kommandantur Berlin von ihren Vorbehaltsrechten im Hinblick auf die in Aussicht genommene Aufhebung des Besatzungsstatuts einen äußerst zurückhaltenden Gebrauch machten[7].

(3) Der *Norddeutsche Rundfunk*, dem ein Staatsvertrag der Länder Hamburg, Niedersachsen und Schleswig-Holstein zugrunde liegt, sowie der durch Landesgesetz errichtete *Westdeutsche Rundfunk* waren die ersten Anstalten, die die deutsche Rundfunkgesetzgebung ohne jede Mitwirkung der Besatzungsmächte schuf[8]. Sie lösten in den Jahren 1954/55 den Nordwestdeutschen Rundfunk ab, der für die Länder der britischen Besatzungszone gesendet hatte. Ihnen folgte nach der Rückgliederung des Saarlandes im Jahre 1956 der Saarländische Rundfunk[9]. Die Errichtung von Landesrundfunkanstalten fand 1961 mit der Gründung des *Zweiten Deutschen Fernsehens* ihren vorläufigen Abschluß[10]. Rechtsgrundlage dieser Anstalt ist ein Staatsvertrag, an dem sämtliche Bundesländer beteiligt sind. Der Vertrag wurde geschlossen, nachdem das BVerfG in seinem Fernsehurteil vom 28. 2. 1961[11] die Verfassungswidrigkeit der vom Bund errichteten „Deutschland-Fernsehen-GmbH" festgestellt und den Ländern die Kompetenz

---

[6] Vertragsbeteiligte Länder sind seit der Neugliederung des Südwestraums Baden-Württemberg und Rheinland-Pfalz. Der Sendebereich der Anstalt umfaßt aber Baden-Württemberg nur in den Gebieten der ehemaligen Bundesländer Baden und Württemberg-Hohenzollern (Art. 2 I SWF-S).

[7] Hierzu *Herrmann*, Rundfunkentwicklung, S. 78—84 u. *Reichert* S. 192 bis 195.

[8] Zu dieser Entwicklung *Brack*, Rundfunkorganisation Nord- u. Westdeutschland, S. 35—50.

[9] Zur Entstehungsgeschichte *Thürk* DÖV 1966 S. 813.

[10] Zum Werdegang im einzelnen *Hillig*, Zweites Fernsehprogramm, S. 93 bis 108.

[11] BVerfGE 12, 205 ff.

I. Die bestehenden Anstalten

zur Veranstaltung von Rundfunksendungen für die Bevölkerung des Bundesgebietes zuerkannt hatte.

(4) Die Bundesrundfunkanstalten *Deutschlandfunk* und *Deutsche Welle* wurden Ende 1960 durch Bundesgesetz errichtet. Diese Anstaltsgründungen beendeten die jahrelangen Bemühungen des Bundes, wenigstens die Sendungen, die nicht in erster Linie für die Bundesrepublik bestimmt sind, über eigene Rundfunkträger verbreiten zu können[12].

2. Ihre Organisation

Die Organisation der Rundfunkanstalten bietet in ihrer äußeren Gestalt ein einheitliches Bild. Alle Anstalten haben die Rechtsform einer rechtsfähigen Anstalt des öffentlichen Rechts, der das Recht zur Selbstverwaltung verliehen ist[13]. Anstaltsorgane sind in der Regel der Rundfunkrat (Fernsehrat), der Verwaltungsrat und der Intendant[14]. Der Rundfunkrat und der Verwaltungsrat sind Kollegialorgane. Sie teilen sich in Kreations- und Kontrollfunktionen[15]. Der Intendant, das einzige monokratische Organ, leitet die Anstalt unter Beachtung der Rechte der übrigen Organe und vertritt sie nach außen.

Dieses Organisationsschema geht bereits auf die ersten Anfänge des Nachkriegsrundfunks zurück. Es wurde von den deutschen Rundfunkverantwortlichen unter maßgeblicher Mitwirkung des Regierungsprä-

---

[12] Zu den Einzelheiten Mündl. Ber. d. Vermittlungsaussch., BT-Prot. III/ S. 7434 f.

[13] Art. 1 I BR-G, § 1 I HR-G, § 1 NDR-V, § 1 RB-G, § 8 I SR-G, § 1 I SFB-G, §§ 2, 3 II SDR-G, § 1 SWF-V, § 1 WDR-G, § 1 I, II ZDF-V, §§ 1 I 1, II, 5 I 1, II DLF/DW-G. — Das Selbstverwaltungsrecht, das den herkömmlichen Formen der rechtsfähigen Anstalt des öffentlichen Rechts von jeher fremd war *(Jecht,* Öffentliche Anstalt, S. 33), stellte sich zunächst als Besonderheit der Rundfunkorganisation dar. Es sollte dem Rundfunk „einen Bereich eigener, sachbezogener Verantwortung" sichern, der „seine Maßstäbe von der ihm gestellten Aufgabe her gewinnt und deshalb so weit wie möglich gegen Einwirkungen von anderen Motivationen her abgeschirmt werden soll" *(Weber,* NWDR-Denkschrift, S. 67 f.). Das Beispiel der Rundfunkanstalten hat allerdings weite Teile der Verwaltungsrechtswissenschaft darin bestärkt, auch die anstaltliche Selbstverwaltung in ihr System aufzunehmen (vgl. z. B. *Forsthoff,* Verwaltungsrecht [9. Aufl. 1966], S. 419, *Herrmann* AöR 90 S. 304, *Leiling,* Festschrift f. Nawiasky, S. 389, *Salzwedel* VVDStRL 22 S. 212, *Wolff,* Verwaltungsrecht II, S. 166 f.; einschränkend *Jecht* S. 63 f, ablehnend *Apelt,* Festschrift f. Nawiasky, S. 379).

[14] Art. 5 BR-G, § 4 HR-G, § 3 RB-G, § 13 SR-G, § 3 SDR-S, § 8 SWF-V, § 12 ZDF-V, §§ 2, 6 DLF/DW-G. — Abweichend davon verfügen NDR und WDR mit dem Programmbeirat über ein viertes Anstaltsorgan (§ 7 I NDR-V, § 7 I WDR-G), während beim SFB jedenfalls nach Auffassung des Berliner Rundfunkgesetzgebers ein zum selbständigen Organ ausgestalteter Verwaltungsrat fehlt (§ 5 I SFB-S; vgl. hierzu auch unter II 1 des 3. Kapitels).

[15] Zur Kompetenzverteilung vgl. im einzelnen das 3. Kapitel.

sidenten und früheren Reichsrundfunkkommissars Dr. Hans Bredow entwickelt und von den Militärregierungen gebilligt[16]. Die spätere Rundfunkgesetzgebung übernahm es als bewährten Rahmen.

Die äußere Gleichförmigkeit der Rundfunkorganisation läßt erwarten, daß die Gesetzgeber bei der Errichtung der Anstalten übereinstimmende Ordnungsgrundsätze beachtet haben. Eine nähere Betrachtung der Organisationsgesetze zeigt indessen, daß dies nicht zutreffen kann. Bildung und Zusammensetzung der Kollegialorgane, die Verteilung der Kontrollfunktionen innerhalb der Anstalt und der Umfang der von außen auf die Anstalten einwirkenden Staatsaufsicht sind so unterschiedlich geregelt, daß sie sich auch bei weitester Betrachtung nicht auf einen gemeinsamen Nenner bringen lassen. Zum Verständnis der bestehenden Organisation ist es damit unumgänglich, die divergierenden Ordnungsvorstellungen zu erkennen und in ihrer Bedeutung für die einzelnen organisatorischen Maßnahmen zu erfassen.

II. Die Ordnungsgrundsätze

Jede sachgerechte Organisation des Rundfunkwesens setzt voraus, daß den Besonderheiten des Phänomens „Rundfunk" Rechnung getragen wird. Der Rundfunk gehört neben der Presse zu den mächtigsten Massenmedien der modernen Gesellschaft. Er übt einen vielfältigen Einfluß auf alle Bereiche des öffentlichen Lebens aus und hat insbesondere an der Bildung der öffentlichen Meinung, die ein wesentliches Element demokratischer Lebenform ist[17], einen hervorragenden Anteil. Das BVerfG hat ihn deshalb zu Recht als „eminenten Faktor" des öffentlichen Meinungsbildungsprozesses bezeichnet[18].

Im Unterschied zur Presse sind der Veranstaltung von Rundfunksendungen durch besondere technische und wirtschaftliche Gegebenheiten enge Grenzen gesetzt[19]. Die zur Programmausstrahlung benötigten Sendefrequenzen stehen auch nach dem heutigen Stand der Technik nur in beschränktem Umfang zur Verfügung. Außerdem erfordert der Betrieb eines Rundfunksenders erhebliche finanzielle Aufwendungen. Daraus ergibt sich eine natürliche Begrenzung der Zahl der Rundfunkträger. Bei einer solchen Konzentration wächst die Ge-

---

[16] Bredow hatte bereits Ende 1947 den Vertretern der drei süddeutschen Länder und der Hauptverwaltung für das Post- und Fernmeldewesen den Musterentwurf eines Rundfunkgesetzes vorgelegt, der jedoch von den Landesregierungen abgelehnt wurde (*Schuster* APF 1949 S. 321, 322, 333—335).
[17] So insbesondere BVerfGE 7, 198 (208). Zum Wesen und Begriff der öffentlichen Meinung *Kaiser*, Repräsentation, S. 211—232, *Krüger*, Staatslehre, S. 439—454 u. *Ridder*, Grundrechte II, S. 243—281.
[18] BVerfGE 12, 205 (260).
[19] BVerfGE 12, 261 u. Scheuner, Rechtsgutachten, S. 320—322.

fahr der Monopolisierung oder Oligopolisierung des Rundfunks. Alle am öffentlichen Leben beteiligten Kräfte werden bemüht sein, sich einen möglichst weitgehenden Einfluß auf dieses wichtige Machtinstrument zu sichern. Gelänge es einem einzelnen Organ oder einer einzelnen Gruppe, den Rundfunk zu beherrschen, wären objektive Berichterstattung und vorurteilslose Wertung der aktuellen Geschehnisse nicht mehr gewährleistet. Ein einseitig gesteuerter Rundfunk hätte es in der Hand, den Prozeß öffentlicher Meinungsbildung zu verfälschen oder ganz in Frage zu stellen.

Die Rundfunkgesetzgebung ist sich dieser Gefahr in jeder Entwicklungsphase des Nachkriegsrundfunks bewußt gewesen. Sie hat ihre vordringlichste Aufgabe darin gesehen, durch geeignete organisatorische Maßnahmen die Unabhängigkeit des Rundfunks zu sichern, um auf diese Weise seine Mitwirkung an der Bildung der öffentlichen Meinung gewährleisten zu können. Dabei hat sie sich allerdings von unterschiedlichen Ordnungsgrundsätzen leiten lassen.

1. Die unter maßgeblichem alliierten Einfluß errichteten Anstalten

Die Organisation des Bayerischen Rundfunks, des Hessischen Rundfunks, Radio Bremens und des Süddeutschen Rundfunks ist in ihren Grundzügen von der amerikanischen Besatzungsmacht vorgezeichnet worden. Rundfunkpolitisches Leitbild der Militärregierung war, den Rundfunk als Dienst der Allgemeinheit für die Allgemeinheit zu gestalten. Dieses Ziel sollten die Landesgesetzgeber bei der Schaffung der Organisationsgesetze unter Beachtung folgender Grundsätze verwirklichen:

„Es ist die grundsätzliche Politik der US-Militärregierung, daß die Kontrolle der Mittel der öffentlichen Meinungsbildung, wie Presse und Rundfunk, verteilt werden soll und von jedem beherrschenden Regierungseinfluß freigehalten werden muß. Innerhalb dieser Politik sollen die Rundfunkorganisationen als Instrumente des öffentlichen Dienstes eingerichtet werden, frei von der Herrschaft irgendeiner besonders interessierten Gruppe, von Regierungs-, wirtschaftspolitischen, religiösen oder irgendwelchen anderen Einzelelementen der Gemeinschaft[20]."

Von weitgehend übereinstimmenden Ordnungsprinzipien gingen auch die britische und französische Militärverwaltung bei der Neuordnung des Rundfunkwesens in ihren Besatzungszonen aus.

Kern der alliierten Ordnungsvorstellungen war, den Rundfunk in die Hand der Allgemeinheit zu geben. Er sollte weder vom Staat noch von

---

[20] Schreiben des Stellvertretenden Militärgouverneurs v. 21. 11. 1947 (*Omgus*, APO 742 AG 000.77/IC), zitiert bei *Ziegler* S. 72; ebenso Schreiben des Land Director für Bayern v. 31. 12. 1947 (Anlage Amtl. Begr. BR-G 1948, LT-Beilage I/1225 S. 5).

einer einzelnen privaten Interessengruppe beherrscht, sondern als öffentliche Einrichtung von allen bedeutsamen Kräften des öffentlichen Lebens getragen werden. Dieses Gebot verantwortlicher Mitbestimmung bezweckte, die Verantwortung für den Rundfunk möglichst breit zu streuen und dadurch einen Machtmißbrauch auszuschließen. Es räumte den gesellschaftlichen Organisationen und Institutionen eine bevorzugte Stellung ein. Die Beteiligung staatlicher Organe war demgegenüber stark eingeschränkt. Dies galt vor allem für die Regierungen. Sie wurden von den Alliierten mit besonderem Mißtrauen betrachtet, da die staatliche Exekutive in der Vergangenheit die Unabhängigkeit des Rundfunks am stärksten bedroht hatte. Deshalb sollte alles geschehen, um das Wiedererstehen eines „Staatsrundfunks" Weimarer oder nationalsozialistischer Prägung unmöglich zu machen.

Mit der Betonung der gesellschaftlichen Funktionen des Rundfunks stellten sich die alliierten Rundfunkpolitiker in einen unüberbrückbaren Gegensatz zu den deutschen Rundfunkverantwortlichen. Die deutsche Rundfunkgesetzgebung wollte die Organisation des Rundfunks so eng wie möglich an das Weimarer Vorbild anlehnen[21]. Von dieser Ausgangsstellung her stimmte sie mit den Alliierten darin überein, daß der Rundfunk eine Angelegenheit des ganzen Volkes sei. Sie hielt jedoch anders als die Besatzungsmächte vor allem den Staat für berufen, die Interessen der Öffentlichkeit im Rundfunk wahrzunehmen. Die Stellung des Staates zum Rundfunk wurde damit zum zentralen Problem. Im Verlauf der teilweise heftigen Auseinandersetzungen zeigte sich die deutsche Seite bereit, den Einfluß der staatlichen Exekutive weitgehend einzuschränken. Sie war aber nicht davon zu überzeugen, daß gleichartige Beschränkungen auch für die Volksvertretungen erforderlich seien, weil „der Staat in der Demokratie die Zusammenfassung aller öffentlichen Interessen ist und das Parlament Sprachrohr und Kontrollorgan des öffentlichen Interesses gegenüber der Regierung"[22]. Trotz äußerster Anstrengungen gelang es jedoch nicht, die Besatzungsmächte zu einer grundlegenden Änderung ihres Standpunktes zu veranlassen[23].

2. *Die unter nachlassendem alliierten Einfluß errichteten Anstalten*

Eine deutliche Abschwächung der alliierten Einflußnahme auf die Organisation des Rundfunks zeichnete sich beim Abschluß des Staats-

---

[21] *Reichert* S. 22—32 mit umfangreichen Nachweisen.
[22] So die von *Ziegler* S. 84 f. mitgeteilte Äußerung des Abg. Schöttle in der Sitzung des wbLT v. 18. 6. 1947.
[23] Dies zeigt vor allem die von *Reichert* S. 34—55 u. *Ziegler* S. 78—86 dargestellte Entstehungsgeschichte des SDR-G.

vertrages über den Südwestfunk und bei der Errichtung des Senders Freies Berlin ab. Die Besatzungsmächte hatten erkannt, daß die Zeit für die deutsche Rundfunkgesetzgebung arbeitete. Sie sahen deshalb davon ab, die Beachtung ihrer Ordnungsgrundsätze zu erzwingen und hielten lediglich den generellen Vorbehalt aufrecht, daß der Rundfunk nicht zu einer staatlichen Veranstaltung werden dürfe[24]. Damit hatten die deutschen Rundfunkverantwortlichen genügend Spielraum, die in dieser Übergangsperiode geschaffenen Rechtsgrundlagen weitgehend an den eigenen Ordnungsvorstellungen auszurichten[25].

3. Die unter alleiniger deutscher Verantwortung errichteten Anstalten

Die Aufhebung des Besatzungsstatuts beseitigte auch die alliierten Vorbehaltsrechte auf dem Gebiet des Rundfunks[26]. Damit war für die deutschen Rundfunkgesetzgeber der Weg frei, die beim Südwestfunk und beim Sender Freies Berlin begonnene Entwicklung fortzuführen. Der Norddeutsche, der Westdeutsche und der Saarländische Rundfunk waren die ersten Anstalten, bei denen die neuen Ordnungsvorstellungen in vollem Umfang verwirklicht wurden. Zwar hielten die Landesgesetzgeber in Übereinstimmung mit der alliierten Rundfunkpolitik daran fest, daß der Rundfunk in den Dienst und vor allem unter die Kontrolle der Allgemeinheit gestellt werden müsse und „nicht zum Sprachrohr nur einer Meinung" gemacht werden dürfe[27]. Ein entscheidender Wandel aber bahnte sich in der Beurteilung des Verhältnisses zwischen Staat und Rundfunk an. Man war nicht mehr bereit, den Rundfunk der Gesellschaft zu überlassen, sondern betrachtete ihn wegen seiner Bedeutung für die Allgemeinheit als staatliche Aufgabe. Deshalb sollte er von den Staatsorganen kontrolliert werden, die als die einzigen von der Verfassung legitimierten Vertretungen des ganzen Volkes angesehen werden: den Parlamenten[28].

---

[24] Dieser größere Handlungsspielraum wird z. B. in den einleitenden Ausführungen der Amtl. Begr. ZustG SWF-V, whzLT-Beilage II/723 S. 797 deutlich.

[25] Zur Begründung des whzZustG SWF-V (LT-Prot. II/S. 2201) konnte deshalb ausgeführt werden: „Es wäre... eine grobe Verantwortungslosigkeit, wenn die Landesregierung den Rundfunk völlig Gremien überlassen würde, die in ihrer Zusammensetzung wechseln und keine volle Garantie dafür bieten, daß der Rundfunk den demokratischen Grundlagen der Verfassung des Landes und der Staatsführung entspricht. Es darf hier auch nicht übersehen werden, daß der Rundfunk eine Anstalt des öffentlichen Rechts ist..."

[26] Zu den besatzungsrechtlichen Regelungen und ihrer Ablösung im einzelnen *Wilkens*, Rundfunkaufsicht, S. 65.

[27] Amtl. Begr. WDR-G, LT-Drucks. II/1414 zu § 1.

[28] Amtl. Begr. WDR-G a.a.O. zu § 7.

Ein weiterer Schritt zur „Verstaatlichung" des Rundfunks wurde bei Errichtung der Bundesrundfunkanstalten getan. Der Bundesgesetzgeber verstärkte den Regierungseinfluß mit der Begründung, bei der Erfüllung der Rundfunkaufgaben handele es sich um hoheitliche Verwaltungstätigkeit[29]. Damit war auch die staatliche Exekutive, die vor allem in den unter alliierter Mitwirkung entstandenen Anstalten ein Schattendasein geführt hatte, wieder in den Kreis der tragenden Ordnungskräfte aufgenommen.

4. Die Organisation der Anstalten nach dem Fernsehurteil des BVerfG

Das Fernsehurteil des BVerfG vom 28. 2. 1961 beendete die seit langem bestehende, öffentlich aber nur selten zugegebene Unsicherheit über die Verfassungsmäßigkeit der bestehenden Ordnung des Rundfunks. Das BVerfG befaßte sich zwar in seiner Entscheidung nur mit der Deutschland-Fernsehen-GmbH, entwickelte aber in diesem Zusammenhang allgemeine Leitgedanken, an denen seitdem auch die Organisation jedes anderen Rundfunkträgers gemessen werden muß. Aus Art. 5 I GG, der neben der Pressefreiheit auch die Freiheit des Rundfunks garantiert, leitete es das Gebot ab, daß der Rundfunk weder dem Staat noch einer einzelnen gesellschaftlichen Gruppe ausgeliefert werden dürfe[30]. Er müsse vielmehr allen relevanten gesellschaftlichen Kräften unter angemessener Beteiligung des Staates[31] zur Verfügung stehen[32]. Damit bestätigte das BVerfG die schon von den Alliierten vertretene Auffassung, daß der Rundfunk in erster Linie ein Instrument der staatsfreien Gesellschaft sei[33]. Diese Forderung hinderte es allerdings nicht, den Rundfunk seiner historischen Entwicklung nach zu den hoheitlichen Aufgaben zu zählen[34]. Es mußte sich dabei bewußt

---

[29] Diese Erwägung kommt vor allem in der Amtl. Begr. DLF/DW-G, BT-Drucks. III/1434 zu § 16 d. Entw. zum Ausdruck.

[30] E 12, 205 (262 f.).

[31] Kritisch *Krause-Ablass* JZ 1962 S. 160, der dies als eine unzulässige Gleichordnung staatlicher und gesellschaftlicher Interessen betrachtet.

[32] *Zeidler* AöR 86 S. 402 erkennt hierin eine neue Form der Gewaltenteilung, wenn die Trennung von Staat und den Faktoren öffentlicher Meinungsbildung gerade im Hinblick auf das demokratische Prinzip gefordert wird.

[33] Gegen die pluralistisch-paritätische Besetzung und Beherrschung des Rundfunks wendet sich vor allem *Bettermann* DVBl. 1963 S. 43 f. Er befürwortet eine staatsunmittelbare Rundfunkorganisation, von der er eine weit wirksamere politische und weltanschauliche Neutralisierung des Rundfunks erwartet. Zustimmend neben *Scheuner* VVDStRL 22 S. 14 f. vor allem *Dagtoglou*, Der Private in der Verwaltung, S. 75—77; ablehnend *Lenz* JZ 1963 S. 349 f. u. *Wilkens*, Rundfunkaufsicht, S. 121.

[34] E 12, 244—247; ebenso schon BVerfGE 7, 99 (104) u. später E 14, 121 (130). Kritisch hierzu *Peters*, Rundfunkrechtslage, S. 15 f.

II. Die Ordnungsgrundsätze

sein, daß gerade dieses Argument die jüngere Rundfunkgesetzgebung veranlaßt hatte, den Rundfunk stärker in die mittelbare Staatsverwaltung einzugliedern. Gleichwohl betrachtete es die bei einigen Anstalten zu beobachtende Vermehrung des Staatseinflusses nicht als Verfassungsverstoß, weil die gesellschaftliche Mitbestimmung bei allen Anstalten zumindest „faktisch" verwirklicht worden sei[35].

Da das BVerfG den bestehenden Rechtszustand ausdrücklich als verfassungsgemäße Lösung zur Sicherung der Unabhängigkeit des Rundfunks anerkannt hatte, bestand für die Rundfunkgesetzgebung kein Anlaß, die bisherigen Ordnungsgrundsätze kritisch zu überprüfen[36]. Damit blieben die in den verschiedenen Entwicklungsphasen entstandenen Grundlagen in ihrer ganzen Unterschiedlichkeit erhalten.

---

[35] E 12, 261.
[36] Mit dieser Begründung ließ auch die Neufassung des Saarländischen Rundfunkgesetzes vom 2. 12. 1964 die bei Errichtung der Anstalt geschaffenen Grundlagen unberührt (Amtl. Begr. SR-G, LT-Drucks. IV/800 zu § 10 d. Entw.).

Zweites Kapitel

Die Struktur der Anstaltsorgane

A. Der Rundfunkrat

Der Rundfunkrat, dem zwischen 11 und 66 Mitglieder angehören[37], ist bei allen Anstalten das zahlenmäßig stärkste Kollegialorgan. Zugleich nimmt er auch in der Rangfolge der Organe die erste Stelle ein: *Er ist die Vertretung der Allgemeinheit im Rundfunk*[38]. Darin bildet er das Kernstück aller organisatorischen Maßnahmen, die darauf abzielen, den Rundfunk unter die Kontrolle der Öffentlichkeit zu stellen.

I. Formen des Rundfunkrats

In seiner Struktur weist der Rundfunkrat bei den einzelnen Anstalten erhebliche Verschiedenheiten auf. Sie erklären sich aus den abweichenden Auffassungen, die in den einzelnen Entwicklungsphasen des Rundfunks darüber bestanden, ob in erster Linie gesellschaftliche oder staatliche Kräfte für den Rundfunk verantwortlich sein sollten.

1. Der Typ des pluralistischen Rundfunkrats

Bei allen Anstalten, die bis zum Jahre 1951 unter alliiertem Einfluß entstanden, waren die Rundfunkgesetzgeber bestrebt, eine möglichst „vollkommene" Vertretung der Allgemeinheit im Rundfunk zu schaffen[39]. Der Rundfunkrat sollte nicht nur „die rivalisierenden Trennungen des Parteiensystems", sondern die ganze Vielfalt gesellschaftlicher Lebensformen in sich aufnehmen[40]. Dieses Konzept enthielt eine deutliche Absage an den parteien-parlamentarisch regierten Staat. Es spiegelte das Mißtrauen wider, das bei den alliierten Rundfunkpoli-

---

[37] DW: 11, HR: 16—19, SFB: 21, RB: 19—27, WDR: 21, DLF: 22, NDR: 24, SR: 25, SDR: 32—33, BR: 43, SWF: 49, ZDF: 66.
[38] Art. 6 I 1 BR-G, § 5 I 1 HR-G, § 8 IV 1 NDR-V, § 4 I RB-G, § 15 I 1 SR-G, § 6 I 1 SFB-S, § 4 I 1 SDR-S, § 9 I 1 SWF-V, § 8 V 2 WDR-G, arg. § 14 ZDF-V, § 9 V DLF/DW-G.
[39] Besonderer Aussch., hessLT-Prot. I/478 zu § 6.
[40] *Weber*, NWDR-Denkschrift, S. 71.

tikern in den ersten Nachkriegsjahren gegen alle Staatsgewalt bestand. Anstelle der Parlamente und der mit besonderem Argwohn betrachteten Regierungen sollten vielmehr die Gruppierungen der staatsfreien Gesellschaft den Hauptteil der Verantwortung für den Rundfunk übernehmen. Darin sollte die Aufgabe des Rundfunks, der Gesamtheit zu dienen, eine überzeugende demokratische Legitimation finden. Zugleich wurde erwartet, daß die Beteiligung vor allem der großen politisch-sozialen Mächte zu einem Interessenausgleich führen würde, der die Neutralität und Überparteilichkeit des Rundfunks gewährleistet[41].

a) Seine Bildung

Die Mitglieder der frühen Rundfunkräte werden überwiegend von gesellschaftlichen Gruppen, Gemeinschaften und Einrichtungen, zum geringeren Teil von staatlichen Organen ausgewählt[42]. Wer im einzelnen berechtigt ist, ein oder mehrere Mitglieder zu entsenden oder gemeinsam mit anderen ein oder mehrere Mitglieder zu wählen, regeln die Rundfunkverfassungen[43]. Die auswählenden Stellen sind entweder genau bezeichnet oder lassen sich nach allgemeinen Merkmalen bestimmen[44]. Damit besteht ein fester Kreis von Auswahlberechtigten, der nicht beliebig verändert werden kann.

Die an der Bildung der Räte beteiligten *gesellschaftlichen* Kräfte gehören den verschiedensten Bereichen des öffentlichen Lebens an. Mitglieder entsenden oder wählen in der Regel:

---

[41] *Weber* S. 72; hierzu auch *Kaiser*, Repräsentation, S. 213.
[42] Art. 6 II BR-G, § 5 II HR-G, § 4 IV RB-G, § 4 II SDR-S, §§ 10 II, 11 I SWF-V.
[43] Soweit ein Mitglied auf mehrere Gruppen entfällt, ist das Auswahlverfahren näher geregelt. Das Mitglied wird entweder von allen Beteiligten gewählt (§§ 2—5 DVO BR-G, § 5 III HR-G, § 4 III 1 SDR-S, § 11 Nr. 5—11 SWF-V) oder von den einzelnen Beteiligten in turnusmäßigem Wechsel entsandt (§ 5 Satz 3 RB-G). Machen die wahl- oder entsendungsberechtigten Stellen von ihren Rechten keinen Gebrauch oder können sie sich nicht auf einen gemeinsamen Vertreter einigen, so geht das Auswahlrecht bei einigen Anstalten auf eine dritte Stelle über (§ 7 II DVO BR-G: Staatsministerium für Unterricht und Kultus, § 11 II SWF-V: Rundfunkrat). Beim Fehlen ausdrücklicher Regelungen wird diese Säumnisfolge schon deshalb nicht ohne weiteres angenommen werden können, weil offen ist, wer die Ersatzbestimmung vorzunehmen hat. *Dagtoglou*, Der Private in der Verwaltung, S. 107 hält allgemein eine Berufung durch den zuständigen Minister für zulässig — eine Annahme, der die besonderen Verhältnisse des Rundfunks entgegenstehen. Im übrigen ist auch sein Hinweis auf Art. 10 I 3 SWF-S nicht beweiskräftig, da in dieser Bestimmung die Ersatzwahl ausdrücklich dem *Rundfunkrat* übertragen wird.
[44] Zu den Auslegungsproblemen, die sich für den Bayerischen Senat bei entsprechenden Regelungen ergeben haben, vgl. BayVerfGHE 8, 11 (22—24) „Gewerkschaften", 8, 69 (71—74) „Wohltätigkeitsorganisationen", 9, 86 (93—96) „freie Berufe" u. 13, 182 (185—191) „Spitzenorganisationen der Berufsbeamten".

(1) aus dem *wirtschaftlichen und sozialen Bereich* die Gewerkschaften und die in Kammern organisierte Unternehmerschaft[45],

(2) aus dem *religiösen Leben* die evangelische und die katholische Kirche sowie die jüdischen Kultusgemeinschaften[46],

(3) aus dem Gebiet der *Wissenschaft, Bildung und Kunst* die Universitäten und Hochschulen, Organisationen des Volksbildungs- und Erziehungswesens[47], Einrichtungen zur Pflege von Wissenschaft und Kunst[48] sowie Interessenverbände der Kulturschaffenden[49],

(4) aus den *Lebensbereichen der Frauen, der Jugend, der Heimatvertriebenen und des Sports* Frauenverbände, Frauenausschüsse und andere Organisationen[50], die regionalen Spitzenverbände der Jugend und des Sports[51] sowie die Landesverbände der Vertriebenen.

Aus dem *staatlichen Bereich* sind die Landesparlamente, die Landesregierungen und die kommunalen Spitzenverbände an der Bildung des Rundfunkrats beteiligt.

(1) Die *Parlamente* sind in allen Räten vertreten. Ihre Vertreter werden bei der Mehrzahl der Anstalten vom Landtag nach den Grundsätzen der Verhältniswahl gewählt, beim Bayerischen Rundfunk von den Fraktionen[52] und bei Radio Bremen von der Deputation für Kunst und Wissenschaft unmittelbar entsandt.

---

[45] Industrie- und Handelskammern, Handwerkskammern, Landwirtschaftskammern, Bauernverbände.
[46] Beim SDR entsenden außerdem alle sonstigen Religions- und Weltanschauungsgemeinschaften, die Körperschaften des öffentlichen Rechts sind, einen gemeinsamen Vertreter.
[47] Lehrerverbände, Elternvereinigungen, Organisationen der Erwachsenenbildung.
[48] *BR:* Intendant d. Bay. Staatsoper, Leiter der Bay. Schauspielbühnen; *HR:* Staatliche Hochschule f. Musik, Freies Deutsches Hochstift (Gesellschaft zur Pflege von Kunst und Bildung); *RB:* Wittheit zu Bremen (Zusammenschluß aller wissenschaftlichen Vereinigungen Bremens).
[49] Journalisten-, Schriftsteller-, Komponisten-, Musiker-, Schauspielervereinigungen; Bühnenvereine. — Für den Rundfunkrat des HR ist auf die Berücksichtigung derartiger Organisationen mit der Begründung verzichtet worden, bei den engen wirtschaftlichen Beziehungen dieses Personenkreises zum Rundfunk sei die Gefahr einer Interessenkollision nicht auszuschließen (Besonderer Aussch., LT-Prot. I/478 zu § 6).
[50] *BR:* Kirchliche Frauenorganisationen, Gewerkschaften, Bauernverbände; *RB:* Frauenausschuß; *SDR:* Kirchliche Frauenorganisationen, Gewerkschaften, Landesfrauenverbände. — Beim *HR* kann der Rundfunkrat bis zu drei weibliche Mitglieder im Benehmen mit den Frauenorganisationen des Landes hinzuwählen, wenn ihm nicht schon drei Frauen angehören. Diese Mitglieder sollen vornehmlich die berufstätige Frau, die in der Erziehung mitwirkende Frau und die Jugend vertreten (§ 5 V HR-G). Beim *SWF* werden die Entsendungsberechtigten lediglich ersucht, auf eine angemessene Vertretung der Frauen bedacht zu sein (Art. 10 II 2 SWF-S).
[51] Landesjugendringe, Landessportverbände.
[52] Auf je 25 Angehörige entfällt ein Mitglied. Ihre Gesamtzahl beträgt gegenwärtig gem. Beschluß des Bay. Landtages vom 12. 2. 1963 (LT-Prot. V/

(2) Ebenso delegieren die *Regierungen* Vertreter in nahezu alle Räte. Das Fehlen eines Regierungsvertreters im Rundfunkrat des Süddeutschen Rundfunks erklärt sich aus den Meinungsverschiedenheiten, die die Landesregierung bei Errichtung der Anstalt mit der Militärregierung über die Form ihrer Beteiligung hatte. Sie verzichtete auf jede Mitwirkung im Rundfunkrat, als ihr lediglich die Entsendung von Beobachtern zugestanden wurde[53].

(3) Die *kommunalen Spitzenorganisationen*[54] sind nur in drei Anstalten vertreten. Für Radio Bremen kam eine derartige Beteiligung wegen der Stadtstaatlichkeit Bremens nicht in Betracht; für den Hessischen Rundfunk wurde sie offenbar deshalb nicht vorgesehen, weil die Gemeinden nicht zu den „rundfunknahen" Bereichen gerechnet wurden.

b) Seine Zusammensetzung

Neben der Bildung wird auch die Zusammensetzung der Räte maßgeblich von gesellschaftlichen Kräften bestimmt. Sie vereinigen bei den einzelnen Anstalten insgesamt 60—90 % der Mitgliedschaften auf sich. Der höchste Anteil von etwa 25—35 % entfällt davon auf den kulturellen Sektor[55]. Die Bereiche „Religion", „Wirtschaft/Soziales" und „Jugend/Frauen/Sport" folgen mit durchschnittlich 10—20 % des Mitgliederbestandes[56]. Diese Verteilung läßt ein ausgewogenes Verhältnis zwischen den einzelnen Vertretungen der am Rundfunk interessierten Öffentlichkeit erkennen. Weder ein einzelner Teilbereich noch eine einzelne Gruppe kann danach einen zahlenmäßig dominierenden Einfluß im Rundfunkrat erreichen.

Der Anteil der Mitglieder, die von staatlichen Organen entsandt oder gewählt werden, liegt mit 10—40 % wesentlich unter dem des gesellschaftlichen Bereichs[57]. Es entspricht der von den Alliierten verfolgten Rundfunkpolitik, daß die Zahl der Regierungsvertreter beson-

---

S. 160) 11 Mitglieder. — Neben dem Bay. Landtag ist auch der Bay. Senat im Rundfunkrat vertreten.

[53] Ständiger Aussch., wbLT-Prot. I/S. 2871.

[54] *BR*: Bay. Städteverband, Landkreisverband; *SDR*: Städtetag, Gemeindetag; *SWF*: Spitzenverbände der Gemeindeverbände.

[55] *BR*: 28,0, *HR*: 31,1, *RB*: 36,8, *SDR*: 34,3, *SWF*: 22,4 %.

[56] Religiöses Leben: *BR*: 7,0, *HR*: 18,8, *RB*: 15,8, *SDR*: 12,5, *SWF*: 12,2 %. Wirtschaft/Soziales: *BR*: 9,3, *HR*: 12,5, *RB*: 15,8, *SDR*: 15,6, *SWF*: 18,4 %. Besondere Lebensbereiche: *BR*: 16,3, *HR*: 0,0, *RB*: 21,0, *SDR*: 15,6, *SWF*: 14,2 %.

[57] *BR*: 39,6, *HR*: 37,5, *RB*: 10,5, *SDR*: 22,4, *SWF*: 32,6 %.

ders klein ist. Grundsätzlich entsendet keine Regierung mehr als ein Mitglied[58]. Ähnlich gering ist auch der Anteil der Kommunalvertreter. Der Hauptteil der Auswahlrechte ist damit bei den Parlamenten konzentriert. Er beträgt regelmäßig 20 %. Beim Hessischen Rundfunk kann er bis auf 31,5 % ansteigen. Gleichwohl hat die Volksvertretung auch bei dieser Anstalt keinen beherrschenden Einfluß, da die Zahl der von ihr gewählten Mitglieder noch unter einem Drittel des gesamten Mitgliederbestandes liegt.

c) Die bestimmenden Strukturmerkmale

Die Struktur der frühen Rundfunkräte wird, wie ihre Bildung und Gliederung gezeigt haben, von gesellschaftlichen Kräften geprägt. Bestrebt, eine vollkommene Vertretung der Öffentlichkeit im Rundfunk zu schaffen, haben die Gesetzgeber möglichst viele Gruppen, Gemeinschaften und Einrichtungen aus den verschiedensten Bereichen des öffentlichen Lebens an der Verantwortung für den Rundfunk beteiligt. Bei der Auswahl haben sie sich weitgehend von objektiven Kriterien leiten lassen. Da nicht alle interessierten Gruppen beteiligt werden konnten, sind in erster Linie die Kräfte berücksichtigt worden, die nach der Zahl ihrer Mitglieder und dem damit verbundenen Einfluß in ihrem engeren Lebensbereich eine Sonderstellung einnehmen[59]. Auf religiösem Gebiet gilt dies für die beiden Kirchen, im wirtschaftlichen und sozialen Bereich vor allem für die Gewerkschaften[60]. Ihre

---

[58] Daß die Landesregierung von Baden-Württemberg heute zwei Mitglieder entsendet, hat seine Ursache in der Neuordnung des Südwestraums nach Abschluß des Staatsvertrages über den SWF. Sie trat dabei in die Entsendungsrechte der Landesregierungen von Baden und Württemberg-Hohenzollern ein.

[59] Im Schrifttum wird dieses Auswahlverfahren weitgehend gebilligt. *Krüger* (RuF 1955 S. 368—372 u. Staatslehre S. 380—385) u. *Lenz* (JZ 1963 S. 349) stellen auf die „öffentliche Bedeutung" einer Gruppe ab, die sich nach der „Quantität und Intensität des Engagements" an der öffentlichen Meinungsbildung richtet. *Dagtoglou,* Der Private in der Verwaltung, S. 109 f. fordert die Beteiligung der von der Zahl ihrer Mitglieder her „repräsentativsten" Interessenverbände, da jedes andere Merkmal notwendig unsicher und willkürlich sei. Dies schließe jedoch die „billige" Berücksichtigung von Minderheiten nicht aus. Vereinzelt werden aber auch qualitative Anforderungen gestellt. *Holzamer* (RuF 1955 S. 378) betont die Vorzugsstellung „aller echten, das Kulturleben tragenden und erst ermöglichenden Institutionen", während *Ridder* (Kirche—Staat—Rundfunk S. 53—55) einen Sondereinfluß der Kirchen im Verhältnis zu anderen kulturellen und sozialen Gruppen geltend macht. Ähnliche Gedanken klingen auch bei Hirsch, Gewerkschaften, S. 31 f. für die Arbeitnehmerverbände an. Das BVerfG (E 12, 205, 261 f.) hat sich mit der Feststellung begnügt, „alle bedeutsamen politischen, weltanschaulichen und gesellschaftlichen Gruppen" seien in angemessener Weise zu berücksichtigen. Die entscheidende Frage, nach welchen Kriterien die Relevanz einer Gruppe zu beurteilen ist, läßt es unbeantwortet.

[60] Zum Zahlenmaterial Stat. Jahrb. 1965 S. 94, 171.

Mitwirkung gibt dem Rundfunkrat einen besonderen Akzent. Beide Gruppen gehören zu den mächtigsten „organisierten Interessen" der modernen Gesellschaft. Darunter sind, wie J. H. Kaiser es formuliert hat, gesellschaftliche Zusammenschlüsse zu verstehen, die als Zentrum eines originären, politisch in Erscheinung tretenden Interesses in der Lage und bestrebt sind, auf Organe des Staates im Sinne ihrer Zielsetzung Einfluß zu nehmen[61]. Die Kirchen sehen sich auch heute als „geistig-geistliche" Macht, der es um den Menschen in seiner Gesamtpersönlichkeit geht[62]. Daraus leiten sie gegenüber Staat und Gesellschaft ein Mitspracherecht in allen öffentlichen Angelegenheiten ab. Dieser „Öffentlichkeitsanspruch" läßt sie, auch wenn sie vornehmlich aus ideellen Motiven handeln, in einem weiten Bereich ihrer Tätigkeit zu politischen Interessenträgern werden[63]. Sie wollen ihre Ziele gerade auch gegenüber dem Staat durchsetzen und geraten damit zwangsläufig auf das Feld der politischen Auseinandersetzung. Einen ähnlichen umfassenden Vertretungsanspruch erheben auch die Gewerkschaften. Waren sie ursprünglich ausschließlich auf die wirtschaftlichen Belange ihrer Mitglieder ausgerichtet, so setzen sie sich nunmehr für die Gesamtinteressen der Arbeitnehmerschaft ein[64]. Diese Ausdehnung ihres Wirkungskreises hat ihnen ebenfalls weitreichendes politisches Gewicht gegeben.

Bei den Vertretungen der Unternehmer- und Arbeitgeberschaft ist demgegenüber ein bemerkenswerter Bruch im Auswahlmaßstab zu verzeichnen. Repräsentieren die Gewerkschaften die Arbeitnehmerseite, so wäre zu erwarten gewesen, daß auf der Gegenseite die Unternehmer- und Arbeitgeberverbände beteiligt werden. Statt dessen ist die Vertretung dieses wichtigen Teils des wirtschaftlich-sozialen Bereichs den Kammern übertragen worden. Für die Kammern spricht zwar, daß sie die höchste Mitgliederzahl aller Unternehmerzusammenschlüsse haben, weil ihnen sämtliche Unternehmen des Kammerbezirks

---

[61] Repräsentation S. 25.
[62] *Ridder*, Kirche—Staat—Rundfunk, S. 19, 53.
[63] Aus dem Schrifttum, das die Kirchen nahezu übereinstimmend zu den organisierten Interessen zählt, seien *Breitling*, Verbände, S. 43—53, *Dagtoglou*, Der Private in der Verwaltung, S. 40 f. und *Kaiser*, Repräsentation, S. 111—151 hervorgehoben. *Herzog*, Gesellschaft u. Politik NF 3/1965 S. 13 Anm. 54 schränkt die Einbeziehung der Kirchen in den Kreis der Massenverbände auf die Fälle ein, in denen sie nicht im Interesse des Gemeinwohls, sondern in eigenem Interesse handeln. A. A. *Wittkämper*, Interessenverbände, S. 20 f. unter Hinweis auf den besonderen verfassungsrechtlichen Status und die andersartigen Aufgaben der Kirchen. Ähnlich *Krüger*, Staatslehre, S. 387, der die Kirchen nicht in eine Reihe mit Gebilden stellen möchte, deren Sinnen und Trachten ausschließlich dieser Welt zugewandt ist. Wie stark indessen das politische Gewicht der Kirchen sein kann, hat sich gerade in jüngster Zeit an ihren Stellungnahmen zur Vertriebenenfrage gezeigt.
[64] *Breitling* S. 23—27, *Hirsch* S. 32 f.

als Pflichtmitglieder angehören[65]. Sie sind aber als Körperschaften des öffentlichen Rechts mit der Aufgabe, die *Gesamt*interessen ihres Bezirks gegenüber dem Staat zu vertreten[66], weder nach ihrer Organisation noch nach ihren Funktionen gesellschaftliche Interessenverbände. Offenbar sind die Gesetzgeber bei ihrer Auswahl davon ausgegangen, daß die Kammern in höherem Maße als andere Organisationen auf das Gemeinwohl verpflichtet sind und deshalb vor allen sonstigen Unternehmerverbänden beanspruchen können, an der Besetzung der Rundfunkräte beteiligt zu werden.

Für den Bereich der Kultur sind objektive Auswahlkriterien nur in geringem Umfang erkennbar. Die Gesetzgeber standen hier vor der Schwierigkeit, daß es nur für einige wenige Teile dieses Bereichs repräsentative organisierte Interessen gibt. Sie waren deshalb gezwungen, auch andere Stellen heranzuziehen, um dieses wichtige Gebiet überhaupt berücksichtigen zu können. Dabei haben sie sich weitgehend von subjektiven Wertungen leiten lassen, die sich nur schwer nachvollziehen lassen. Am ehesten läßt sich noch die Berücksichtigung der Universitäten und Hochschulen als den Vertretungen der Wissenschaft rechtfertigen. Gemeinsam mit den Organisationen der Erwachsenenbildung und den Lehrer- und Elternvereinigungen bilden sie auch eine repräsentative Vertretung des Bildungs- und Erziehungswesens. Darin liegt keine einseitige Bevorzugung der staatlichen Bildungs- und Erziehungsarbeit, da sich auch eine Reihe gesellschaftlicher Gruppen, denen in anderem Zusammenhang Auswahlrechte verliehen worden sind, mit diesem Aufgabenkreis befassen. Der Teilbereich der Kunst ist dagegen mit einzelnen Kunstsachverständigen, Bildungseinrichtungen und vornehmlich wirtschaftlich orientierten Interessenverbänden der Kulturschaffenden nur unvollkommen vertreten. Diese Stellen haben weder einzeln noch gemeinsam repräsentative Bedeutung. Sie verdanken ihre Auswahl der Tatsache, daß die Kunst ihrem Wesen nach allenfalls in einigen Randgebieten organisierbar ist und sich deshalb einer Gesamtdarstellung durch organisierte Zusammenschlüsse entzieht.

Zur Vertretung der besonderen Lebensbereiche der Jugend und des Sports sind demgegenüber wieder repräsentative organisierte Interessen gewählt worden. Unsicherheiten im Auswahlmaßstab zeigen sich lediglich bei den Vertretungen der Frauen[67]. Da es keine eigenständige repräsentative Frauenorganisation gibt, sind die Auswahlrechte in

---

[65] Vgl. z. B. § 2 BundeskammerG v. 18. 12. 1956 (BGBl. I S. 920) i. d. F. v. 13. 7. 1961 (BGBl. I S. 981).
[66] §§ 1 I, 3 I BundeskammerG.
[67] Gegen ihre Berücksichtigung erhebt *Krüger* RuF 1955 S. 370 verfassungsrechtliche Bedenken aus Art. 3 GG.

der Regel den Frauenverbänden der Kirchen und der wirtschaftlich-sozialen Gruppen übertragen worden. Vereinzelt haben die Gesetzgeber aber auch dem Rundfunkrat die Zuwahl weiterer weiblicher Mitglieder überlassen oder ganz auf eine feste Vertretung dieses Bereichs verzichtet.

Insgesamt gesehen läßt sich feststellen, daß sich die Gesetzgeber um eine ausgewogene Bildung und Gliederung der Räte bemüht haben. Der generelle Vorwurf, sie seien dabei willkürlich vorgegangen, ist nicht gerechtfertigt[68]. Nach Möglichkeit haben sie einen objektiven Auswahlmaßstab angelegt, um die repräsentativsten Vertreter der einzelnen Bereiche des gesellschaftlichen Lebens zu ermitteln. Von dieser wertneutralen Betrachtung sind sie nur dann abgewichen, wenn repräsentative Gruppen nicht ersichtlich waren oder wenn ihnen daran lag, neben mächtigen Organisationen auch Minderheiten[69] zu berücksichtigen. Eine offensichtliche Fehlwertung ist ihnen lediglich bei der Berücksichtigung der Kammern als Vertretungen der Unternehmer- und Arbeitgeberschaft unterlaufen. Selbst wenn man die Kammern entgegen der hier vertretenen Auffassung jedenfalls der Funktion nach als gesellschaftliche Interessenverbände ansieht[70], so sind sie doch nicht die einzigen repräsentativen Vertretungen der Unternehmerseite. Sie hätten allenfalls *neben* den Unternehmer- und Arbeitgeberverbänden berücksichtigt werden dürfen, da sie auf wesentliche Bereiche der unternehmerischen Betätigung keinen Einfluß haben. Vor allem dürfen sie keine sozialpolitischen und arbeitsrechtlichen Interessen wahrnehmen[71]. Diese Aufgabe ist den Unternehmer- und Arbeitgeberverbänden vorbehalten. Sind diese Verbände, deren tatsächlicher Einfluß auf Staat und Gesellschaft weit über den der Kammern hinausreicht, nicht in den Kreis der Auswahlberechtigten einbezogen, so ist die Vertretung der Unternehmerschaft unvollständig. Dieser Mangel wiegt um so schwerer, als auf der Arbeitnehmerseite die Gewerkschaften beteiligt worden sind, deren natürliche Gegenspieler die Arbeitgeberverbände sind.

Versucht man eine Typisierung der frühen Rundfunkräte, so rechtfertigt die hohe Beteiligung gesellschaftlicher Kräfte an ihrer Bildung und Zusammensetzung, sie als Erscheinungsformen des *pluralistischen*

---

[68] So aber *Bettermann* DVBl. 1963 S. 43.
[69] Wie z. B. die jüdischen Kultusgemeinden als bedeutendste nichtchristliche Religionsgemeinschaften.
[70] So offenbar *Kaiser*, Repräsentation, S. 105 u. wohl auch *Breitling* S. 12, 34 f, 38; dagegen z. B. *Dagtoglou* S. 38 u. *Wittkämper* S. 15, die die Kammern ausdrücklich aus dem Begriff des gesellschaftlichen Interessenverbandes ausklammern.
[71] § 1 V BundeskammerG.

Rundfunkrats zu kennzeichnen. Ebensogut läßt sich von einem „ständisch" gebildeten und gegliederten Rundfunkrat sprechen, wenn man den Begriff des Standes über die von der Verfassung legitimierten Korporationen hinaus auf jede organisatorisch verfestigte gesellschaftliche Interessengruppe ausdehnt[72]. Da die Pluralität der heutigen Gesellschaft in erster Linie durch organisierte Interessen zur Geltung gebracht werden soll, sind schon von der Anlage her die Voraussetzungen für eine weitgehende Politisierung der Arbeit der Rundfunkräte gegeben[73]. Sie werden durch die Beteiligung staatlicher Organe an der Auswahl der Mitglieder noch verstärkt. Es wäre jedoch verfehlt, daraus auf eine parteipolitische Gliederung der Räte zu schließen, die einer Aufgabe der pluralistischen Grundkonzeption gleichkäme. Die meisten gesellschaftlichen Gruppen können nicht als Exponenten einer bestimmten politischen Richtung angesehen werden, sondern haben durchaus eigenständige Interessen, die mit denen einer Partei nicht identisch sind. Sie bedienen sich vielmehr lediglich politischer Mittel, um ihren Auffassungen Geltung zu verschaffen.

2. Der Typ des staatlich-politischen Rundfunkrats

Bei nahezu allen Anstalten, die nach Aufhebung der alliierten Vorbehaltsrechte über den Rundfunk errichtet worden sind, üben die Parlamente und Regierungen den bestimmenden Einfluß auf die Bildung und Zusammensetzung der Rundfunkräte aus.

a) Der parlamentarisch gebildete Rundfunkrat

Beim Norddeutschen und beim Westdeutschen Rundfunk liegt die Auswahl der Ratsmitglieder in den Händen der Parlamente. Sämtliche Mitglieder werden von den Landtagen nach den Grundsätzen der Verhältniswahl gewählt[74]. Beim Norddeutschen Rundfunk verteilen sich die Wahlrechte zur Hälfte auf den Niedersächsischen Landtag und je zu einem Viertel auf den Schleswig-Holsteinischen Landtag und die Bürgerschaft Hamburgs[75]. Die Ratsmitglieder des Westdeutschen Rundfunks wählt der Landtag von Nordrhein-Westfalen.

---

[72] *Kaiser*, Repräsentation, S. 321 f.
[73] Diese Auswirkung haben *Loehning* DÖV 1953 S. 197, 265, *Klinge*, Rundfunkorganisation, S. 102 f. u. *Reichert*, Rundfunkautonomie, S. 266—270 schon frühzeitig aufgezeigt. Ihre Vorschläge für eine Kräfteverteilung, die die unpolitischen gesellschaftlichen Gruppierungen stärker berücksichtigt, sind jedoch unbeachtet geblieben.
[74] § 8 II 1 NDR-V, § 8 II 1 WDR-G.
[75] Dieser Verteilung hat auch der Niedersächsische Landtag „aus Gründen eines gesunden Föderalismus" zugestimmt, obwohl Niedersachsen mehr als die Hälfte der Hörer des NDR stellt (Mündl. Begr. ZustG NDR-V, LT-Prot II/Sp. 6312).

A. Rundfunkrat

Hinsichtlich der Zusammensetzung des Rats haben die Parlamente weitgehend freie Hand. Als einzige ausdrückliche Beschränkung ist vorgesehen, daß sie nur eine begrenzte Anzahl von Ratsmitgliedern den eigenen Reihen entnehmen dürfen[76]. Zweck dieser Sperrklausel ist, den Rundfunkrat nicht zu einer Versammlung von Parlamentariern werden zu lassen, sondern ihn auch anderen Persönlichkeiten des öffentlichen Lebens offenzuhalten. Ansonsten entscheiden die Parlamente nach eigenem Ermessen. Sie sind insbesondere nicht verpflichtet, Vertreter der großen gesellschaftlichen Gruppen und Gemeinschaften paritätisch zu berücksichtigen. Auf eine vorgegebene pluralistische Gliederung des Rats glaubten die Landesgesetzgeber vor allem deshalb verzichten zu können, weil sie mit dem Programmbeirat ein zusätzliches Anstaltsorgan vorgesehen haben, dessen Bildung und Zusammensetzung in erster Linie von gesellschaftlichen Kräften bestimmt wird[77]. Aufgabe des Beirats ist, den Intendanten in allen Fragen der Programmgestaltung zu beraten[78]. Allein für diesen Bereich hielten die Gesetzgeber die Mitwirkung der breiten Öffentlichkeit für erforderlich[79]. Für alle übrigen Aufgaben sahen sie demgegenüber keinen Anlaß, außerparlamentarischen Kräften eine bevorzugte Stellung einzuräumen. Sie verwiesen vielmehr alle interessierten gesellschaftlichen Gruppen und Gemeinschaften ausdrücklich darauf, ihren Wünschen für die Zusammensetzung des Rundfunkrats über die gewählten Volksvertreter Geltung zu verschaffen[80].

Der in der Schaffung des Programmbeirats zum Ausdruck kommende Verzicht auf eine pluralistische Gliederung des Rundfunkrats macht

---

[76] § 8 II 3 NDR-V (höchstens 8 von 24 Mitgliedern), § 8 III WDR-G (höchstens 4 von 21 Mitgliedern).

[77] Amtl. Begr. WDR-G, LT-Drucks. II/1414 zu § 7. — Der zum selbständigen Organ ausgebildete Programmbeirat ist eine Besonderheit des Norddeutschen und des Westdeutschen Rundfunks. Seine Mitglieder werden größtenteils vom Rundfunkrat auf Vorschlag gesellschaftlicher Gruppen und Einrichtungen gewählt (§ 16 II 1, 2 NDR-V, §§ 9 I, 17 III WDR-G). Zu den Gruppen, denen nach der Anstaltssatzung ein Vorschlagsrecht zusteht, gehören bei beiden Anstalten die Kirchen, die Jüdische Kultusgemeinschaft, Verbände des wirtschaftlichen und sozialen Lebens, Institutionen der Wissenschaft und Bildung, Organisationen der Kulturschaffenden, Institutionen der Heimatpflege sowie Gemeinschaften der Jugend und des Sports (Art. 22 I NDR-S, § 19 WDR-S). Hinzu kommen beim WDR Frauenorganisationen sowie Vertretungen der Gemeinden und der Wohlfahrtspflege. Die restlichen Mitglieder werden von den Regierungen ernannt (§ 16 II 4 NDR-V, § 17 WDR-G).

[78] § 16 III 1 NDR-V, § 18 I WDR-G.

[79] Amtl. Begr. WDR-G a.a.O. zu § 7. Sie begründeten die Funktionsteilung zwischen Rundfunkrat und Programmbeirat außerdem damit, daß es erfahrungsgemäß schwierig sei, geeignete Persönlichkeiten für die Mitarbeit in einem „allzuständigen" Rundfunkrat zu gewinnen (Amtl. Begr. WDR-G a.a.O. zu § 6).

[80] Amtl. Begr. WDR-G a.a.O. zu § 7.

zugleich deutlich, welchen Bereichen die Ratsmitglieder nach den Vorstellungen der Gesetzgeber entnommen werden sollten. Ist eine Vertretung der breiten Öffentlichkeit nicht beabsichtigt, so bietet sich als einzige Alternative an, den Rundfunkrat als Vertretung des *politischen* öffentlichen Lebens auszugestalten. Danach ist eine eindeutige parteipolitische Gliederung des Rundfunkrats zu erwarten, die das in den wahlberechtigten Parlamenten bestehende Kräfteverhältnis widerspiegelt[81].

Die von den Gesetzgebern gewollte Gliederung der Rundfunkräte läßt sich mit dem Gebot des BVerfG, daß allen relevanten gesellschaftlichen Kräften in den Anstaltsorganen Einfluß zu verschaffen ist[82], nicht in Einklang bringen. Die Beachtung dieses Gebots entfällt nicht etwa deshalb, weil Norddeutscher und Westdeutscher Rundfunk mit dem Programmbeirat bereits über ein pluralistisch gegliedertes Anstaltsorgan verfügen. Der Beirat nimmt zwar mit der Beratung des Intendanten eine Funktion wahr, die sonst in die Zuständigkeit des Rundfunkrats fällt. Er tritt damit aber nicht an die Stelle des Rundfunkrats, weil er lediglich eine von mehreren wichtigen Aufgaben dieses Organs erfüllt. Insbesondere fehlt ihm jeder Einfluß auf die Auswahl der Verwaltungsratsmitglieder. Ist aber neben dem Rundfunkrat auch der Verwaltungsrat ohne pluralistische Gliederung, so wird das gesellschaftliche Element in den kollegialen Organen nur unzureichend repräsentiert. Seine Einflußmöglichkeiten wurden vielmehr, wie die Entstehungsgeschichte der Rundfunkordnungen zeigt, bewußt zugunsten der Parlamente und der in ihnen vertretenen politischen Gruppen beschränkt. Diese Einstellung der Gesetzgeber, die sich klar aus den gesetzlichen Regelungen ergibt, läßt nicht zu, den Bestimmungen über die Auswahl der Ratsmitglieder durch verfassungskonforme Auslegung einen Inhalt zu geben, der den Ordnungsvorstellungen des BVerfG entspricht[83].

---

[81] In klarer Erkenntnis dieser Situation forderte der Abgeordnete Kühn (SPD) in seiner Stellungnahme zum Regierungsentwurf des WDR-G (LT-Prot. II/S. 3653) den Landtag zur Selbstbeschränkung auf. Er führte aus: „Ich stimme dem Herrn Ministerpräsidenten zu, daß es kein gerechteres Prinzip gibt als die Zugrundelegung des Stärkeverhältnisses der Parteien im Lande. Das bedeutet selbstverständlich nicht, daß die Parteien dem Landtag lediglich auf der Grundlage eines parteipolitischen Funktionärsprinzips Persönlichkeiten benennen, auch nicht, daß es etwa darauf ankäme, die parteipolitischen Quoten zum Ausdruck zu bringen; es kommt vielmehr darauf an, daß von allen Seiten... Menschen vorgeschlagen werden, die in der Publizistik, in der Wirtschaft, in den weltanschaulichen Gemeinschaften und vor allen Dingen gesinnungsmäßig tief in der Demokratie verwurzelt sind und die Voraussetzungen mitbringen, um die sehr wichtige Arbeit im Rundfunkrat zu leisten."

[82] E 12, 205 (261 f.).

[83] Anders allerdings *Lenz* JZ 1963 S. 347 u. *Ridder*, Kirche—Staat—Rundfunk, S. 52, die die auswahlberechtigten Stellen für verpflichtet halten, für

b) Der parlamentarisch-bürokratisch gebildete Rundfunkrat

An der Bildung der Rundfunkräte der Bundesrundfunkanstalten sind vor allem das Parlament und die Regierungen beteiligt[84]. Etwa drei Viertel der Ratsmitglieder wählen Bundestag[85] und Bundesrat oder benennt die Bundesregierung. Das restliche Viertel wird von den beiden großen Kirchen, dem Zentralrat der Juden in Deutschland und — allerdings nur beim Deutschlandfunk — von der Bundesvereinigung Deutscher Arbeitgeberverbände und den Gewerkschaften benannt.

Die Auswahl der Mitglieder treffen die wahl- und benennungsberechtigten Stellen nach eigenem Ermessen. Die staatlichen Organe sind an keinerlei Vorschlagsrechte gesellschaftlicher Gruppen gebunden. Sie sind auch nicht aufgefordert, für eine pluralistische Gliederung des Rats zu sorgen, sondern dürfen ohne jede Beschränkung Angehörige des Parlaments und der Regierung oder öffentlich Bedienstete als Vertreter entsenden[86]. Damit sind noch eindeutiger als bei den Erscheinungsformen des parlamentarischen Rundfunkrats die Voraussetzungen für eine parteipolitische Zusammensetzung gegeben[87]. Die Beteiligung gesellschaftlicher Gruppen und Gemeinschaften fällt demgegenüber nicht entscheidend ins Gewicht.

Die Zusammensetzung der Räte wird zu gleichen Teilen vom Bundestag, vom Bundesrat, von der Bundesregierung und vom Block der gesellschaftlichen Gruppen bestimmt. Jeder von ihnen verfügt über rd. 20—25 % der Gesamtzahl der Mitglieder. Eine Ausnahme gilt lediglich für die Bundesregierung im Rundfunkrat der Deutschen Welle. Sie benennt allein 36 % der Mitglieder. Diese hohe Beteiligung ist mit der besonderen Verantwortung der Regierung für die auswärtige Kulturpolitik begründet worden[88]. Eine zahlenmäßig dominierende Stellung erlangt die Bundesregierung damit aber auch bei dieser Anstalt nicht.

---

eine pluralistische Gliederung der Rundfunkräte zu sorgen. Das BVerfG sieht im Widerspruch zu seinen Ordnungsgeboten als ausreichend an, wenn die bedeutendsten gesellschaftlichen Kräfte „faktisch" in angemessenem Verhältnis an der Auswahl der Ratsmitglieder beteiligt sind (E 12, 261).

[84] §§ 3 I 2, 7 I 2, 3 DLF/DW-G.

[85] Auf Vorschlag der im Bundestag vertretenen Parteien nach dem d'Hondtschen Schlüssel (Schriftl. Ber. d. Aussch. f. Kulturpolitik u. Publizistik, BT-Drucks. III/1956 zu §§ 14—16 d. Entw.).

[86] Mündl. Ber. d. Vermittlungs-Aussch., BT-Prot. III/S. 7434.

[87] Die Vereinbarkeit dieser Gliederung mit den vom BVerfG entwickelten Ordnungsgeboten ist umstritten (vgl. z. B. *Mallmann* JZ 1963 S. 353). Kritisch auch *Wilkens* S. 123 mit weiteren Nachweisen.

[88] Dazu der Schriftl. Ber. d. Aussch. f. Kulturpolitik u. Publizistik a.a.O.

c) Gemeinsame Strukturmerkmale

Die Rundfunkräte des Norddeutschen Rundfunks, des Westdeutschen Rundfunks und der Bundesrundfunkanstalten haben gemeinsam, daß sie ganz oder doch überwiegend von staatlichen Organen gebildet werden, die ihre Zusammensetzung vornehmlich nach politischen Gesichtspunkten bestimmen. Sie lassen sich deshalb dem Typus des *staatlich gebildeten und (partei)politisch gegliederten Rundfunkrats* zuordnen. Dieser Ratstyp ist aus dem Bestreben heraus geschaffen worden, eine wirksame Kontrolle des Staates über die Erfüllung der dem Rundfunk übertragenen öffentlichen Aufgaben zu gewährleisten. Das von den Alliierten geforderte pluralistische Auswahlprinzip lehnten die Gesetzgeber ab, weil es ihnen unzumutbar erschien, die Herrschaft über den Rundfunk parlamentarisch nicht verantwortlichen Kräften zu überlassen[89]. Beim Norddeutschen und beim Westdeutschen Rundfunk zogen sie daraus die Konsequenz, daß die Bildung der Räte ihnen selbst als den einzigen verfassungsgemäß legitimierten Vertretungen der Allgemeinheit vorbehalten bleiben müsse. Die gleichen Erwägungen führten bei den Bundesrundfunkanstalten zur Beteiligung der gesetzgebenden Körperschaften des Bundes und der Bundesregierung. Die Mitwirkung der Regierung wurde für notwendig erachtet, um der Tatsache Rechnung zu tragen, daß es sich bei den Rundfunkanstalten um Einrichtungen der Verwaltung handelt[90].

Die durch das staatliche Auswahlverfahren geförderte parteipolitische Gliederung der Räte entsprach der allgemeinen Überzeugung, daß der Rundfunk in erster Linie ein Instrument der Politik sei. Dieser Gedanke klingt bei der Errichtung des Norddeutschen und des Westdeutschen Rundfunks nur an. Er wurde jedoch später für die Bundesrundfunkanstalten klar ausgesprochen, wenn für sie betont wurde, daß sie „nach Wortlaut, Sinn und Zweck des Gesetzentwurfs politische Aufgaben" zu erfüllen hätten[91].

---

[89] In den parlamentarischen Beratungen des WDR-G erklärte Ministerpräsident Arnold (Mündl. Begr. WDR-G, LT-Prot. II/S. 3462) hierzu unter Zustimmung der Opposition: „Das Parlament ist mehr als eine ständische Organisation: Es ist die vom Volke autorisierte legitime Vertretung *aller* Belange des öffentlichen Lebens. Der Abgeordnete ist nach Verfassung und Gesetz in seinem Gewissen verpflichtet, bei allen seinen Entscheidungen nur das Wohl der Allgemeinheit im Auge zu behalten. Demgegenüber vertreten die ständischen Organisationen naturnotwendig in erster Linie die Interessen ihrer Mitglieder. Wir würden meines Erachtens einen verhängnisvollen Weg gehen, wenn wir zulassen wollten, daß Demokraten die Demokratie durch derartige Gewichtsverschiebungen selbst abwerten und ihr bedeutsamstes Organ auf diese Weise aushöhlen... Für mich ist allein dieses Hohe Haus die politische und verfassungsmäßige Repräsentanz aller Einwohner unseres Landes." — Weitere Nachweise bei *Wilkens* S. 122, der im übrigen diesem Auswahlprinzip ablehnend gegenübersteht.

[90] Amtl. Begr. DLF/DW-G, BT-Drucks. III/1434 zu § 16 d. Entw.

[91] Vermittlungsaussch. a.a.O., S. 7435.

3. Mischformen

Die Rundfunkräte des Saarländischen Rundfunks und des Senders Freies Berlin sowie der Fernsehrat des Zweiten Deutschen Fernsehens lassen sich weder dem pluralistischen noch dem staatlich-politischen Typ des Rundfunkrats zuordnen, sondern verbinden Strukturmerkmale beider Grundformen.

(1) Der Rundfunkrat des *Senders Freies Berlin* wird zu zwei Dritteln von gesellschaftlichen Gruppen und Einrichtungen gebildet[92]. Entsendungs- und Wahlrechte haben die Kirchen und die Jüdische Gemeinde, die Vertretungen der Arbeitnehmer- und Unternehmerschaft, der Presseverband, die Berliner Hochschulen und die Akademie der Künste[93]. Insoweit entsprechen Besetzung und Gliederung des Rats dem Vorbild des pluralistischen Rundfunkrats.

Die Auswahl der restlichen Mitglieder obliegt dem Abgeordnetenhaus von Berlin. Das Landesparlament wählt sie aus den Persönlichkeiten des öffentlichen Lebens Berlins[94]. Es kann sie, da entsprechende Sperrklauseln fehlen, sämtlich den eigenen Reihen entnehmen.

Die nicht unerhebliche Beteiligung des Parlaments vermag allerdings an der überwiegend pluralistischen Gesamtstruktur des Rundfunkrats nichts zu ändern. An diesen Ratstyp hatte sich der Berliner Rundfunkgesetzgeber zu halten und konnte von ihm in der näheren Ausgestaltung nur so weit abweichen, als er damit das pluralistische Grundprinzip nicht in Frage stellte. Hätte er eine weitere Verstärkung des Einflusses des Parlaments beabsichtigt, so wäre diese mit Sicherheit am Veto der Alliierten gescheitert, die darin eine unzulässige „Verstaatlichung" des Rundfunks gesehen hätten. Das parlamentarische Element konnte deshalb zu diesem Zeitpunkt nur eine untergeordnete Rolle spielen und entfaltete sich erst nach Ablösung des Besatzungsstatuts bei anderen Anstalten zu voller Wirksamkeit.

(2) Der Rundfunkrat des *Saarländischen Rundfunks* nähert sich weitgehend dem Typ des parlamentarischen Rundfunkrats an, weist daneben aber auch pluralistische Elemente auf. Etwa drei Viertel der Mitglieder wählt der Landtag auf Vorschlag seines Ausschusses für Kulturpolitik und Jugendfragen[95]. Zuvor sind die großen Gemein-

---

[92] § 6 III SFB-S.
[93] Eine Vertretung der besonderen Lebensbereiche (Frauen, Jugend, Sport) fehlt. Unter den berücksichtigten gesellschaftlichen Bereichen hat der wirtschaftlich-soziale mit rd. 29 % der Mitglieder den zahlenmäßig höchsten Anteil.
[94] § 6 III SFB-S.
[95] § 16 IV 1 SR-G.

schaften des öffentlichen Lebens — insbesondere im kulturellen, sozialen und wirtschaftlichen Bereich — zu hören[96]. Die Kirchen, die an sich ebenfalls zu den bedeutenden gesellschaftlichen Kräften gehören, werden in diesem Zusammenhang offenbar deshalb nicht besonders erwähnt, weil sie unmittelbar je ein Mitglied in den Rundfunkrat entsenden[97]. An die Auffassungen der anhörungsberechtigten Gruppen ist der Landtag bei der Besetzung des Rats nicht gebunden[98]. Er hat sie lediglich zur Kenntnis zu nehmen, braucht sich aber nicht nach ihnen zu richten. Gleichwohl engt ihn die Anhörungspflicht in anderer Weise in seinem Entscheidungsspielraum ein. Sie ist als gesetzlicher Auftrag zu werten, die zu wählenden Mitglieder zwar nicht notwendigerweise den großen gesellschaftlichen Gruppen[99], wohl aber dem gesellschaftlichen Bereich zu entnehmen. Dies gilt um so mehr, als Landtag und Landesregierung die restlichen Mitglieder unmittelbar entsenden und damit über eine feste Vertretung im Rundfunkrat verfügen[100].

Die Kombination verschiedener Auswahlrechte und die erstrebte, aber nicht mit letzter Konsequenz durchgeführte pluralistische Gliederung des Rats zeigen, daß der saarländische Gesetzgeber einen Kompromiß eingegangen ist[101]. Einerseits wollte er das Primat des Parla-

---

[96] § 16 IV 2 SR-G. — Der Anhörungspflicht des Landtags entspricht ein Anhörungsrecht der großen Gruppen, da diese Regelung auch in ihrem Interesse getroffen worden ist. Ihre Beachtung kann im Klagewege erzwungen werden. Welche Gruppen zu den „großen Gemeinschaften" gehören, entscheidet zunächst der Landtag. Da es sich dabei um die Ausfüllung eines unbestimmten Rechtsbegriffs handelt, liegt letztlich die Entscheidung bei den Verwaltungsgerichten (vgl. hierzu *Dagtoglou*, Der Private in der Verwaltung, S. 50, 80, 108—110).

[97] § 16 II 1 SR-G.

[98] Darin liegt eine bedeutsame Änderung im Vergleich zum bisherigen Rechtszustand. Nach der ursprünglichen Regelung in § 9 II 3 SR-G 1956 hatte der Landtag die großen Gemeinschaften nicht nur zu hören, sondern auch zu berücksichtigen. Er war faktisch an die eingebrachten Wahlvorschläge gebunden und hatte nur in begründeten Ausnahmefällen die Möglichkeit, um neue Vorschläge zu ersuchen (LT-Prot. III/S. 575 f., 580).

[99] Diese Auslegung gebietet aber nunmehr die Forderung des BVerfG, alle relevanten gesellschaftlichen Kräfte an der Verantwortung für den Rundfunk zu beteiligen (E 12, 205, 261 f.).

[100] § 16 II 1, III SR-G. Damit ist allerdings nicht gesagt, daß die übrigen Mitglieder nicht Abgeordnete sein dürfen. Bei der Neufassung des Gesetzes ist auf eine Begrenzung der Zahl der Parlamentarier ausdrücklich verzichtet worden, um den Spielraum für die Wahl der Vertreter aus den gesellschaftlichen (!) Gruppen nicht ungebührlich einzuengen (LT-Prot. IV/S. 1964). Gegen diese Entwicklung *Thürk* DÖV 1966 S. 814, der die Notwendigkeit einer Sperrklausel aus dem Prinzip der gesellschaftlichen Organisation des Rundfunks herleitet.

[101] Diese Lösung ist bereits bei Errichtung der Anstalt beschlossen und in der nach Erlaß des Fernsehurteils vorgenommenen Neufassung des Gesetzes im Prinzip übernommen worden. Es ist jedoch nicht zu übersehen,

ments bei der Auswahl der Ratsmitglieder aufrechterhalten. Andererseits lag ihm daran, den Rat nicht ganz den Parlamentariern und Parteipolitikern zu überlassen, sondern ihn auch gesellschaftlichen Kräften offenzuhalten und so zu einer möglichst breiten Vertretung der Öffentlichkeit im Rundfunk zu gelangen.

(3) Im Fernsehrat des *Zweiten Deutschen Fernsehens* vereinigen sich Elemente des parlamentarisch-bürokratischen und des pluralistischen Rundfunkrats. Seine Gestaltung wurde maßgeblich von den Ordnungsgeboten des BVerfG beeinflußt, die für die Anstalt als erster und bisher einziger Neugründung nach Erlaß des Fernsehurteils von besonderer Bedeutung waren. Hinsichtlich der Zusammensetzung des Rats hatten sich die vertragsbeteiligten Länder an die Forderung des BVerfG zu halten, daß alle relevanten gesellschaftlichen Kräfte zu berücksichtigen seien[102]. Dagegen nahmen sie bei der Auswahl der Mitglieder einen weiten Handlungsspielraum für sich in Anspruch. Insoweit hatte das BVerfG keine konkreten Vorstellungen entwickelt. Es hatte insbesondere nicht darauf bestanden, daß die Mitglieder unmittelbar von den beteiligten gesellschaftlichen Gruppen zu entsenden seien. Über das anzuwendende Auswahlverfahren bestanden zunächst Meinungsverschiedenheiten[103]. Einige Länder befürworteten eine enge Anlehnung an das Vorbild des parlamentarischen Rundfunkrats, während sich die Mehrzahl der Vertragsbeteiligten für das für den pluralistischen Rat typische unmittelbare Entsendungsrecht einsetzte. Schließlich einigte man sich auf eine Kompromißformel, die beiden Auffassungen gerecht werden sollte. Die Ratsmitglieder sollten teils von staatlichen Organen berufen, teils von den auswahlberechtigten Stellen unmittelbar entsandt werden. Die staatlichen Berufungsrechte wurden den Ministerpräsidenten der Länder übertragen. Andere Lösungen, wie die Bildung eines Wahlmännergremiums, waren zuvor wegen der Vielzahl der Beteiligten als unpraktikabel verworfen worden. Damit hatte letzten Endes der Zwang zur technischen Vereinfachung des Berufungsverfahrens den Ausschlag dafür gegeben, daß der staatlichen Exekutive ein Einfluß auf die Auswahl der Ratsmitglieder eingeräumt wurde, den sie bei keiner anderen Anstalt auch nur annähernd erreicht[104].

---

daß einige Neuregelungen, wie z. B. die Aufhebung der Verpflichtung zur Berücksichtigung der gesellschaftlichen Wahlvorschläge oder der Wegfall der Sperrklausel zur Begrenzung der Zahl der Abgeordneten im Rundfunkrat, den Einfluß des Landtags wesentlich verstärkt haben.

[102] E 12, 205 (261 f.).
[103] Hierzu im einzelnen Mündl. Begr. ZustG ZDF-V, bwLT-Prot. III/S. 2008 bis 2011 u. Amtl. Begr. ZustG ZDF-V, berlLT-Drucks. III/1079 S. 7 f.
[104] Zustimmend *Bachof*, Rechtsgutachten, S. 62 Anm. 3.

Eine erste Gruppe von 21 der insgesamt 66 Mitgliedern des Rats berufen die Ministerpräsidenten der am Staatsvertrag beteiligten Länder auf Vorschlag der großen Gemeinschaften vor allem des wirtschaftlichen und sozialen Lebens[105]. Vorschlagsberechtigt für einen oder mehrere Vertreter sind die Gewerkschaften, die Bundesvereinigung Deutscher Arbeitgeberverbände, der Zentralverband der Deutschen Landwirtschaft, der Zentralverband des Deutschen Handwerks, der Bundesverband Deutscher Zeitungsverleger, der Deutsche Journalistenverband und die Freien Wohlfahrtsverbände[106], die kommunalen Spitzenverbände[107], der Deutsche Sportbund und der Bund der Vertriebenen. Diese Organisationen benennen nach freiem Ermessen für die auf sie entfallenden Vertreter je drei Kandidaten, von denen jeweils einer zum Mitglied des Fernsehrats zu berufen ist[108]. Für die Ministerpräsidenten bedeutet diese Regelung eine weitgehende Beschränkung ihres Auswahlrechts. Sie können nur solche Mitglieder berufen, die ihnen vorgeschlagen worden sind[109]. Daran ändert sich auch dann nichts, wenn keine Vorschläge eingereicht oder weniger als drei Kandidaten benannt werden. In diesen Fällen bleibt es den Vorschlagsberechtigten überlassen, entweder den gesetzlichen Anforderungen zu genügen oder auf die Entsendung von Mitgliedern zu verzichten[110]. Liegt ein ordnungsgemäßer Gruppenvorschlag vor, so sind die Ministerpräsidenten zur Berufung verpflichtet[111]. Sie haben nicht die Möglichkeit, sämtliche Kandidaten einer Gruppe abzulehnen und um neue Vorschläge zu ersuchen. Das Recht der Vorschlagsberechtigten, die ihnen geeignet erscheinenden Persönlichkeiten in den Fernsehrat zu entsenden, wäre in Frage gestellt, wenn die Ministerpräsidenten sie beliebig zu neuen Vorschlägen veranlassen könnten[112]. Eine solche Ausweitung des Berufungsrechts wäre mit dem Sinn und Zweck des Vorschlagsrechts nicht mehr vereinbar.

---

[105] § 14 I g—q, II 1 ZDF-V.
[106] Innere Mission und Hilfswerk der Evangelischen Kirche in Deutschland, Deutscher Caritasverband e. V., Deutsches Rotes Kreuz, Hauptausschuß der Deutschen Arbeiterwohlfahrt e. V.
[107] Städtetag, Städtebund, Landkreistag, Gemeindetag.
[108] § 14 II 2 ZDF-V.
[109] Halten sich die Ministerpräsidenten nicht an die eingebrachten Vorschläge, so verletzen sie das subjektiv-öffentliche Recht der Vorschlagsberechtigten auf Berufung eines ihrer Kandidaten. Eine Rechtsbeeinträchtigung der vorgeschlagenen Persönlichkeiten ist dagegen nicht ersichtlich, weil sie mit der Aufnahme in die Vorschlagslisten keine rechtliche Anwartschaft, sondern lediglich eine Chance auf Berufung durch die Ministerpräsidenten erlangen *(Dagtoglou,* Der Private in der Verwaltung, S. 106 f.).
[110] Arg. § 14 VI 1 ZDF-V.
[111] Zu den Rechtsfolgen, die sich beim Unterlassen der Berufung ergeben, im einzelnen *Bachof* S. 64 Anm. 1.
[112] Dieser Auffassung neigt im Ergebnis auch *Bachof* S. 63 zu.

Bei einer weiteren Gruppe von 14 Mitgliedern, die sie aus den Bereichen des Erziehungs- und Bildungswesens, der Wissenschaft und Kunst, der Freien Berufe sowie der Familien-, Frauen- und Jugendarbeit berufen[113], sind die Ministerpräsidenten wesentlich freier gestellt. Sie sind an keinerlei Vorschlagsrechte bestimmter Organisationen und Institutionen gebunden, sondern haben weitgehende Entscheidungsfreiheit. Selbstverständliche Voraussetzung ist, daß nur solche Persönlichkeiten berufen werden, die nach ihrer Stellung, ihren Kenntnissen und ihren Erfahrungen als Repräsentanten der genannten Bereiche angesehen werden können. Ebenso wie die Mitglieder der ersten Gruppe dürfen sie nicht der Bundesregierung oder einer Landesregierung angehören[114]. Um für alle Mitglieder eine genügend breite Vertrauensgrundlage zu schaffen, sind die Ministerpräsidenten für beide Gruppen aufgefordert, sämtliche Berufungen möglichst einmütig vorzunehmen[115].

Eine dritte Gruppe von insgesamt 31 Mitgliedern, die die Bereiche der Politik und des religiösen Lebens vertreten[116], wird ebenfalls weitgehend von der staatlichen Exekutive bestellt. Elf Mitglieder entsenden die Regierungen der vertragschließenden Länder, drei die Bundesregierung. Weitere zwölf Mitglieder werden von den im Bundestag vertretenen Parteien entsandt[117]. Die restlichen fünf Mitglieder benennen die Evangelische Kirche, die Katholische Kirche sowie der Zentralrat der Juden in Deutschland. Alle entsendungsberechtigten Stellen entscheiden über die Auswahl ihrer Vertreter nach freiem Ermessen.

Die Zusammensetzung des Fernsehrats ist durch die Bestimmung der Gruppen und Bereiche, aus denen die Mitglieder zu entnehmen sind, im wesentlichen vorgezeichnet. Sie entspricht im Prinzip dem Typus des pluralistischen Rundfunkrats, weist aber in den Einzelheiten eine Reihe von Besonderheiten auf. Soweit die entsendenden Stellen Organisationen des gesellschaftlichen Lebens sind, sind sie ausschließlich nach objektiven Merkmalen bestimmt worden. Die Gesetzgeber haben nur solche Gruppen berücksichtigt, die nach der Zahl ihrer Mitglieder und der Art ihrer Tätigkeit für einen engeren Bereich repräsentative Bedeutung haben. So sind z. B. auf der Unternehmerseite die privatrechtlich organisierten Spitzenverbände der Arbeitgeber- und Arbeitnehmerschaft ausgewählt worden, die anders als bei den Erscheinungsformen des pluralistischen Rundfunks eine wirklichkeitsnahe Vertretung dieses Bereichs gewährleisten. Waren

---
[113] § 14 I r, III ZDF-V.
[114] § 14 VI 2 ZDF-V.
[115] § 14 IV ZDF-V.
[116] § 14 I a—f ZDF-V.
[117] Sie werden von ihren Parteivorständen entsprechend dem Stärkeverhältnis der Parteien im Bundestag ausgewählt.

repräsentative Gruppen in einzelnen Bereichen des öffentlichen Lebens nicht ersichtlich, so ist ihre Vertretung sachkundigen Persönlichkeiten anvertraut worden. Deren Berufung richtet sich allerdings ausschließlich nach qualitativen Gesichtspunkten. Dieses Verfahren bietet jedoch den Vorteil, daß im Unterschied zu den Formen des pluralistischen Rundfunkrats eine willkürliche Auswahl von Organisationen und Institutionen vermieden wird, denen keine hinreichende öffentliche Bedeutung zukommt.

Bei der Verteilung der Mitglieder auf die einzelnen Bereiche des staatlichen und gesellschaftlichen Lebens liegt das Schwergewicht auf dem politischen Sektor. Etwa 45 % der Mitglieder sind Vertreter der Regierungen, der Parteien sowie der Städte und Gemeinden. In weitem Abstand folgen der kulturelle Bereich (rd. 21 %), der wirtschaftlich-soziale Bereich (rd. 14 %), das religiöse Leben unter Einschluß der kirchlich-sozialen Organisationen (rd. 11 %) und sonstige besondere Lebensbereiche (rd. 9 %). Obwohl damit die „Politik" im Verhältnis zu allen anderen gesellschaftlichen Betätigungen ein erhebliches Übergewicht hat, nimmt sie doch keine zahlenmäßig dominierende Stellung ein. Dabei muß überdies berücksichtigt werden, daß sie keinen einheitlichen Block bildet. Dies gilt vor allem für die staatliche Exekutive. Sie kann wegen der in den einzelnen Bundesländern bestehenden unterschiedlichen Ausrichtungen als eine „Vielzahl von Staatlichkeit"[118] aufgefaßt werden, die lediglich eine „föderalistisch gebrochene"[119] und dadurch abgeschwächte Staatsgewalt ausübt. Wenn damit auch die Majorisierung des Fernsehrats durch eine einzelne politische Richtung ausgeschlossen ist, so bleibt doch festzustellen, daß die Tätigkeit des Rats vornehmlich von politischen Erwägungen bestimmt sein wird. Die Regierungen, Parteien und Kommunalvertretungen entsenden insgesamt 30 Mitglieder. Zusammen mit den 17 Vertretern gesellschaftlicher Organisationen, die (auch) politische Ziele verfolgen, verfügen sie über einen Anteil an der Gesamtmitgliederzahl, der die politischen Kräfte zum tragenden Element des Fernsehrats macht.

II. Die Rechtsstellung der Mitglieder des Rundfunkrats

1. Aufgaben der Mitglieder und ihr Verhältnis zu den auswahlberechtigten Stellen

Die Mitglieder haben bei nahezu allen Anstalten den ausdrücklichen gesetzlichen Auftrag, die Interessen der Allgemeinheit im Rundfunk

---

[118] *Lerche*, Deutschlandfunk, S. 9 (mit einer kritischen Anmerkung zur Darstellung d. Verf. in DVBl. 1963 S. 47).
[119] *Bachof* S. 64. — Gegen eine Überschätzung des Regierungseinflusses auch P. *Schneider*, Rechtsgutachten, S. 72 u. Mündl. Begr. ZustG ZDF-V, bwLT-Prot. III/S. 2009 f.

wahrzunehmen[120]. Damit wird zugleich ihr Verhältnis zu den Auswahlberechtigten klargestellt. Sie sind „nicht Vertreter einer Partei, einer Konfession, eines Standes oder einer Organisation"[121], sondern werden als unabhängige Repräsentanten der Allgemeinheit betrachtet. Ihre Stellung weist insoweit deutliche Parallelen zu der des Abgeordneten auf, der sich ebenfalls nach bestem Wissen und Gewissen für das Gemeinwohl einzusetzen hat.

Die rechtlichen Voraussetzungen für eine eigenverantwortliche Amtsführung werden durch die Garantie der sachlichen Unabhängigkeit geschaffen. Die Ratsmitglieder unterliegen keinen Aufträgen oder Weisungen Dritter. Ihre persönliche Unabhängigkeit ist dagegen nicht in gleichem Maße gesichert. Sie wird bei einer Reihe von Anstalten durch unterschiedlich ausgestaltete Rückrufrechte der Auswahlberechtigten mehr oder weniger stark eingeschränkt.

a) Freies Mandat bei voller persönlicher Unabhängigkeit

Die Ratsmitglieder des Norddeutschen Rundfunks, Radio Bremens, des Westdeutschen Rundfunks, der Bundesrundfunkanstalten, des Hessischen Rundfunks (mit Ausnahme der von der Landesregierung entsandten Vertreter) sowie die von den Ministerpräsidenten in den Fernsehrat des Zweiten Deutschen Fernsehens berufenen Mitglieder genießen volle sachliche und persönliche Unabhängigkeit. Sie sind weisungsfrei[122] und können von den Auswahlberechtigten nicht vorzeitig abberufen werden. Der Ausschluß des Rückrufs ist zwar nicht ausdrücklich festgelegt, ergibt sich aber aus der allgemeinen Stellung der Ratsmitglieder. Sind sie Repräsentanten der Allgemeinheit und wird ihnen zu diesem Zweck sachliche Unabhängigkeit gewährleistet, so spricht dies im Zweifel auch für ihre persönliche Unabhängigkeit. Bei dieser Gestaltung liegt es nahe, daß die Gesetzgeber auch jede mittelbare Beeinträchtigung der sachlichen Unabhängigkeit verhindern wollten, die durch den drohenden Amtsverlust bewirkt werden kann. Beschränkungen der persönlichen Unabhängigkeit hätten deshalb, wie dies in anderen Rundfunkordnungen geschehen ist, ausdrücklich normiert werden müssen. Schweigt das Gesetz, so ist dies unter den ge-

---

[120] Art. 6 I 3 BR-G, § 5 I 2 HR-G, § 8 IV 1 NDR-V, § 4 I 2 RB-G, § 15 I 2 SR-G, § 6 I 1 SFB-S, § 9 I 1 SWF-V, § 8 V 2 WDR-G, arg. § 14 VII ZDF-V, § 9 V DLF/DW-G. — Die Auffassung *Wilkens*, Rundfunkaufsicht, S. 125, nur der Rundfunkrat und nicht auch dessen einzelne Mitglieder seien mit der Vertretung der Allgemeinheit betraut, ist danach nicht vertretbar.
[121] § 5 I 2 HR-G.
[122] § 5 I 2 HR-G, § 8 IV 2 NDR-V, § 4 II RB-G, § 8 V 2 WDR-G, § 14 VII 1 ZDF-V, § 10 IV DLF/DW-G.

gebenen Umständen als Garantie der persönlichen Unabhängigkeit zu werten.

Diese Auslegung wird für den Hessischen Rundfunk und für Radio Bremen durch die Gesetzesmaterialien bestätigt. Für die hessischen Ratsmitglieder wurde in den parlamentarischen Beratungen ausdrücklich auf ein Abberufungsrecht verzichtet, weil es mit dem Grundsatz der Weisungsfreiheit nicht zu vereinbaren gewesen wäre[123]. Aus den gleichen Erwägungen sah man auch für die Ratsmitglieder Radio Bremens von einer Rückrufmöglichkeit ab. Eine anderslautende Bestimmung, die der Senat in den Entwurf des Rundfunkgesetzes aufgenommen hatte, wurde deshalb später wieder gestrichen[124].

Für die von den Ministerpräsidenten berufenen Ratsmitglieder des Zweiten Deutschen Fernsehens läßt sich die Garantie der persönlichen Unabhängigkeit auch aus der Gesetzessystematik ableiten. Für sie ist anders als für alle übrigen Mitglieder[125] der Rückruf nicht vorgesehen. Daraus kann geschlossen werden, daß es ihn für sie nicht geben soll. Dem entspricht, daß in der abschließenden Aufzählung der Gründe für die Beendigung der Mitgliedschaft ihre Abberufung nicht erwähnt wird[126]. Ähnliche Erwägungen lassen sich auch für die Ratsmitglieder des Norddeutschen und des Westdeutschen Rundfunks anstellen. Die Rundfunkordnungen dieser Anstalten sehen für die ebenfalls weisungsfreien Mitglieder des Verwaltungsrats ausdrücklich die Möglichkeit der Abberufung vor[127]. Da für die Mitglieder des Rundfunkrats nicht schon aus allgemeinen Gründen etwas anderes gilt, hätten die Rundfunkgesetzgeber entsprechende Regelungen treffen müssen, wenn sie den Rückruf auch für die Angehörigen des Rundfunkrats hätten zulassen wollen.

Die Garantie der sachlichen und persönlichen Unabhängigkeit schafft zwar die rechtlichen Voraussetzungen für eine eigenverantwortliche Amtsführung, vermag aber die Mitglieder nicht völlig aus dem Einflußbereich der auswahlberechtigten Stellen herauszulösen. Eine solche Trennung wäre weder möglich noch sinnvoll. Niemand kann während seiner Zugehörigkeit zum Rundfunkrat in einen wertfreien Raum versetzt werden. Jedes Mitglied bleibt vielmehr darauf angewiesen, sich nach den bisher gewonnenen Maßstäben um die Förderung des Gemeinwohls zu bemühen. Seine Wertvorstellungen werden in der Regel denen des Auswahlberechtigten entsprechen, der von vornherein

---

[123] Besonderer Aussch., LT-Prot. I/478 zu § 7.
[124] So ein Hinweis bei *Reichert*, Rundfunkautonomie, S. 77.
[125] § 14 VIII 2 ZDF-V.
[126] § 6 IV ZDF-S.
[127] §§ 12 II 2, 13 II 1 NDR-V, §§ 12 V, 13 II 1 WDR-G.

nur solche Persönlichkeiten in den Rundfunkrat entsenden wird, von denen er ein besonderes Einfühlungsvermögen in seine „wohlverstandenen Interessen"[128] erwarten kann. Die dadurch begründeten inneren Bindungen eröffnen vielfältige Möglichkeiten für eine laufende beiderseitige Verständigung über die Art und Weise der Amtsführung. Derartige Kontakte sind durchaus legitim, solange die auswählende Stelle die ihr durch das freie Mandat gesetzten Grenzen beachtet. Sie darf überzeugen, nicht aber bestimmte Entscheidungen diktieren. Für den Typ des pluralistischen Rundfunkrats ist eine solche enge Fühlungnahme sogar erwünscht. Der erstrebte Interessenausgleich zwischen den großen gesellschaftlichen Mächten kann nämlich nur dann erreicht werden, wenn sich die Ansichten des Mitglieds jedenfalls in den grundsätzlichen Fragen möglichst weitgehend mit dem Gruppenstandpunkt decken. Er erfordert „innerlich gemeinschaftsgebundene" Persönlichkeiten[129], die auch bei eigenverantwortlicher Amtsführung eine Störung des Gruppengleichgewichts im Rundfunkrat nach Möglichkeit vermieden werden[130].

b) Freies Mandat bei beschränkter persönlicher Unabhängigkeit

Auch die Ratsmitglieder des Bayerischen Rundfunks, des Saarländischen Rundfunks, des Senders Freies Berlin und des Südwestfunks sowie die von staatlichen Organen und gesellschaftlichen Verbänden in den Fernsehrat des Zweiten Deutschen Fernsehens entsandten Mitglieder sind sachlich unabhängig[131], unterliegen aber in ihrer persönlichen Unabhängigkeit Beschränkungen.

---

[128] *Dagtoglou*, Der Private in der Verwaltung, S. 29.
[129] So *Küchenhoff* DÖV 1967 S. 80 für die Mitglieder des Bay. Senats.
[130] *Dagtoglou* S. 54—56 erkennt in dieser Zielsetzung Widersprüche, die ihn veranlaßt haben, das freie Mandat bei allen Formen der Interessenvertretung als praktisch illusorisch, rechtslogisch falsch und verwaltungspolitisch verfehlt anzusehen. Er ist der Auffassung, daß von gesellschaftlichen Interessenvertretern weder verlangt noch erwartet werden könne, im Konfliktfall die eigene Meinung durchzusetzen. Überdies sei die Verwaltung weniger an ihrem persönlichen Urteil als an den Ansichten der sie entsendenden Gruppen interessiert, die sie in die Entscheidungsverantwortung einbeziehen wolle. *Hirsch*, Gewerkschaften, S. 143 sieht bei einer zu starken Verselbständigung des einzelnen Mitgliedes die Gefahr einer unrepräsentativen Funktionärsherrschaft. Für ihn erfordert das Wesen der pluralistischen Herrschaft gerade die Abhängigkeit der Funktionäre von ihren Verbänden, um Fehlentwicklungen auszuschließen. Diese Argumente mögen für den Rundfunk de lege ferenda beachtlich sein, zumal auch die Forderung des BVerfG, alle relevanten gesellschaftlichen *Gruppen* sollten in den Anstaltsorganen Einfluß haben (E 12, 205, 261 f.), eher für das imperative Mandat spricht. Wenn *Dagtoglou* S. 56 f. daraus jedoch bereits de lege lata den Schluß zieht, daß bei Interessenvertretern immer das imperative Mandat anzunehmen sei, so kann ihm angesichts der anderslautenden gesetzlichen Regelungen nicht gefolgt werden. Der „normative Amtsauftrag" sollte vielmehr um des Gemeinwohls willen ernst genommen werden (*Häberle* AöR 90 S. 378).
[131] Art. 6 I 4 BR-G, § 15 I 3 SR-G, § 6 I 2 SFB-S, Art. 8 II SWF-S, § 14 VII 1 ZDF-V. — Bedenken dagegen, daß die Garantie der Weisungsfreiheit

2. Kap.: Struktur der Anstaltsorgane

Die Ratsmitglieder des Bayerischen Rundfunks und des Südwestfunks können vorzeitig abberufen werden, wenn sie aus der wahlberechtigten Stelle ausscheiden[132]. Diesem begrenzten Rückrufrecht steht der aus dem gleichen Grunde kraft Gesetzes eintretende Verlust der Mitgliedschaft gleich, der für die von gesellschaftlichen Kräften entsandten Mitglieder im Rundfunkrat des Senders Freies Berlin sowie für die im Rundfunkrat des Saarländischen Rundfunks vertretenen Abgeordneten vorgesehen ist[133]. Die vom Saarländischen Landtag entsandten oder gewählten Mitglieder können darüber hinaus von diesem abberufen werden, wenn ihr Verbleiben im Amt eine ernste Schädigung der Anstaltsinteressen oder des Ansehens des Rundfunkrats darstellen **würde**[134].

Das mit einem beschränkten Rückrufrecht gekoppelte freie Mandat beruht auf der Erwägung, ein Mitglied trotz der ihm gewährten sachlichen Unabhängigkeit in Ausnahmefällen aus seinem Amt entfernen zu können. Für eine solche Regelung sind zwei Gründe zu erkennen. Die Abberufung soll einmal dann zulässig sein, wenn sie im *allgemeinen* Interesse geboten ist. Dieses Motiv kommt in der für den Saarländischen Rundfunk gefundenen Lösung zum Ausdruck, nach der ein anstaltsschädigendes Verhalten die Abberufung rechtfertigen kann. Zum anderen wird der Rückruf aber auch zugelassen, um den *besonderen* Interessen der Auswahlberechtigten Rechnung zu tragen. Er findet sich in dieser Ausgestaltung vornehmlich bei den Erscheinungsformen des pluralistischen Rundfunkrats. Der Auswahlberechtigte soll die Mitgliedschaft vorzeitig beenden können, wenn das zwischen ihm und dem Mitglied bestehende Vertrauensverhältnis zerstört ist und dieser innere Bruch durch das freiwillige oder erzwungene Ausscheiden des Mitglieds aus der ausgewählten Stelle auch nach außen hin dokumentiert wird. Tiefgreifende Konflikte zwischen Gruppe und Mitglied

---

für die Rundfunkratsmitglieder des SWF nicht im Staatsvertrag, sondern in der Satzung ausgesprochen worden ist, bestehen nicht. In der durch den SWF-V abgelösten Rechtsgrundlage des SWF, der VO Nr. 187 der Franz. Mil.-Reg. (abgedruckt bei *Lüders*, Presse- und Rundfunkrecht, S. 222) war zwar in Art. 13 Satz 3 die Weisungsfreiheit garantiert. Wenn eine entsprechende ausdrückliche Bestimmung nicht in den SWF-V übernommen worden ist, so besagt dies nicht, daß die sachliche Unabhängigkeit der Ratsmitglieder nicht mehr gewährleistet sein sollte. Andere Vorschriften des SWF zeigen vielmehr, daß die Gesetzgeber diese Garantie als selbstverständlich vorausgesetzt haben. So hätte es z. B. einer Beschränkung der vorzeitigen Abberufung in § 10 I 2 SWF-V nicht bedurft, wenn die sachliche Unabhängigkeit nicht garantiert werden sollte. Art. 8 II SWF-S steht deshalb nicht im Widerspruch zum Staatsvertrag, sondern weist lediglich deklaratorisch auf den bestehenden Rechtszustand hin.

[132] Art. 6 IV 2 BR-G, § 10 I 2 SWF-V (mit Zustimmung des Rundfunkrats).
[133] § 6 VI 1 SFB-S, § 17 VI Nr. 1 SR-G.
[134] § 17 V SR-G.

werden damit zugunsten der Gruppe gelöst, um den Interessenausgleich zwischen den großen intermediären Mächten jedenfalls in Grundsatzfragen sicherzustellen. Damit mag faktisch auch eine Beschränkung der sachlichen Unabhängigkeit des einzelnen Mitglieds verbunden sein, die jedoch nicht überbewertet werden darf[135]. Sie ändert nichts daran, daß auch die abberufbaren Mitglieder verpflichtet bleiben, sich für die Gesamtinteressen einzusetzen, selbst wenn sie sich dabei dem Risiko der vorzeitigen Beendigung ihrer Mitgliedschaft aussetzen.

c) Freies Mandat bei fehlender persönlicher Unabhängigkeit

Weisungsfrei[136], persönlich aber von der auswahlberechtigten Stelle abhängig, sind beim Sender Freies Berlin die vom Abgeordnetenhaus gewählten Mitglieder, beim Zweiten Deutschen Fernsehen die von den Regierungen, den Parteien, den Kirchen und den wirtschaftlich-sozialen Spitzenverbänden entsandten Mitglieder, beim Saarländischen Rundfunk die Vertreter der Kirchen und ebenso wie beim Hessischen Rundfunk die Regierungsvertreter. Diese Mitglieder können jederzeit von den Auswahlberechtigten abberufen werden[137]. Gleichwohl sind auch sie unabhängige Repräsentanten der Allgemeinheit. Der Auftrag, die Interessen der Öffentlichkeit wahrzunehmen, gilt mangels einer ausdrücklich oder doch erkennbaren Einschränkung für alle Ratsmitglieder und bindet damit auch die Mitglieder, deren persönliche Unabhängigkeit nicht gewährleistet ist[138]. Allerdings haben bei einer

---

[135] *Dagtoglou*, Der Private in der Verwaltung, S. 53 f. hält sie allerdings für so schwerwiegend, daß er eine beliebige Umgehung des Verbots des imperativen Mandats befürchtet.

[136] § 5 I 2 HR-G, § 15 I 3 SR-G, § 6 I 2 SFB-S, Art. 8 II SWF-S, § 14 VII 1 ZDF-V.

[137] § 6 II 1 HR-G, § 16 II 1 SR-G, § 6 VI 2 SFB-S, § 13 SWF-V, § 14 VIII 2 ZDF-V.

[138] Dies gilt auch für die von den Regierungen entsandten Vertreter. Dagegen läßt sich nicht anführen, die Gewährleistung ihrer sachlichen Unabhängigkeit sei überflüssig und deshalb nicht gewollt, weil die entsendenden Regierungen die öffentlichen Interessen repräsentieren, die mit denen der Rundfunkanstalten als Träger mittelbarer Staatsverwaltung weder kollidieren noch konkurrieren könnten. Bildung und Zusammensetzung vor allem des pluralistischen Rundfunkrats sowie der weitgehende oder völlige Ausschluß der Staatsaufsicht zeigen vielmehr, daß die Interessen der Allgemeinheit mit denen des Staates jedenfalls auf dem Gebiet des Rundfunks nicht unbedingt identisch sind. Die Bestellung weisungsgebundener Regierungsbeauftragter wäre deshalb mit den Funktionen des Rundfunkrats nicht vereinbar. Aus diesen grundsätzlichen Erwägungen muß trotz erheblicher Bedenken auch für die Regierungsvertreter im Rundfunkrat des SWF von der Weisungsfreiheit ausgegangen werden, obwohl sie als „Beauftragte" ihrer Regierungen bezeichnet werden und nicht nur frei abberufbar sind, sondern auch jederzeit auf Weisung ihrer Regierungen durch andere Beauftragte vertreten werden können (§ 13 SWF-V). Die Regelung des Art. 38 I SWF-S, wonach die Regierungen Beanstandungen gegen den Haushaltsplan

solchen Gestaltung nur die Mitglieder eigene Entfaltungsmöglichkeiten, deren Auffassungen sich in den grundsätzlichen Fragen mit dem Gruppenstandpunkt decken. Anderenfalls müssen sie mit ihrer Abberufung rechnen. Daß die unbeschränkte Zulassung des Rückrufs damit auch ihre sachliche Unabhängigkeit beeinträchtigt, liegt auf der Hand. Sie reicht jedoch in ihrer tatsächlichen Auswirkung nicht so weit, daß sie die Ratsmitglieder zu weisungsgebundenen Gruppenbeauftragten degradiert[139]. Halten sich die Mitglieder an die Generallinie, so beläßt ihnen die Freiheit von Einzelweisungen gerade in der täglichen Arbeit des Rundfunkrats einen genügenden Spielraum für selbständige Entscheidungen. Damit hat auch das freie Mandat bei fehlender persönlicher Unabhängigkeit einen eigenen Wert. Es sichert einerseits den erstrebten Interessenausgleich zwischen den großen gesellschaftlichen Gruppen, schafft aber andererseits auch die Voraussetzungen dafür, Persönlichkeiten für die Mitarbeit im Rundfunkrat zu gewinnen, die nicht nur Sprachrohr der Auswahlberechtigten sind, sondern eigene Verantwortung tragen.

d) Imperatives Mandat

Eine von allen übrigen Ratsmitgliedern abweichende Stellung haben die Mitglieder des Rundfunkrats des Süddeutschen Rundfunks. Sie haben nicht den persönlichen Auftrag, die Interessen der Allgemeinheit wahrzunehmen und sind deshalb weder mit sachlicher noch mit persönlicher Unabhängigkeit ausgestattet. Eine ausdrückliche Garantie ihrer sachlichen Unabhängigkeit fehlt. Sie ergibt sich auch nicht mittelbar aus allgemeinen Grundsätzen oder aus den besonderen Funktionen des Rundfunkrats[140]. Mitglieder kollegialer Organe können, müssen

---

der Anstalt durch ihre Vertreter im Rundfunkrat geltend zu machen haben, ist bei dieser Betrachtungsweise dahin auszulegen, daß die Regierungsvertreter jedenfalls nicht gegen ihren Willen veranlaßt werden können, die von den Regierungen erhobenen Beanstandungen vorzutragen. Für den HR ließe sich die Weisungsgebundenheit der Regierungsvertreter zu Zwecken der Staatsaufsicht im übrigen schon deshalb nicht rechtfertigen, weil die Anstalt nicht der Staatsaufsicht unterliegt. — Die Garantie der sachlichen Unabhängigkeit entbindet auch die Mitglieder, die als Beamte im Nebenamt in den Rundfunkrat entsandt werden, von ihrer beamtenrechtlichen Gehorsamspflicht (vgl. z. B. § 55 Satz 2 BBG, § 37 Satz 3 BRRG).

[139] *Häberle* AöR 90 S. 387 weist zu Recht darauf hin, daß sich die Gefahr einer ständigen Bevormundung schon deshalb in Grenzen halten wird, weil ein Auswahlberechtigter sich selbst kompromittiert, wenn er durch häufige Abberufungen seiner Mitglieder das freie Mandat zu umgehen versucht.

[140] Sie läßt sich auch nicht für die Mitglieder, die dem Landtag angehören, aus dem freien Mandat des Abgeordneten herleiten. Der verfassungsrechtliche Grundsatz der Unabhängigkeit des Abgeordneten gilt nur für die parlamentarische Tätigkeit. Als Mitglied des Rundfunkrats aber wird ein Abgeordneter nicht als Volksvertreter im Parlament, sondern als Vertreter des Parlaments im Organ einer öffentlich-rechtlichen Anstalt tätig.

aber nicht weisungsfrei gestellt sein. Das geltende Recht kennt eine Vielzahl von Beschlußkörperschaften, deren Mitglieder von den entsendenden Stellen abhängig sind und auch abhängig sein sollen. Deshalb kann grundsätzlich nur bei ausdrücklicher Freistellung von sachlicher Unabhängigkeit ausgegangen werden[141]. Etwas anderes ergibt sich auch nicht aus den Funktionen des Rundfunkrats des Süddeutschen Rundfunks. Aus der Tatsache, daß er ebenso wie bei allen anderen Anstalten die „Vertretung der Öffentlichkeit auf dem Gebiet des Rundfunks" ist[142], läßt sich nicht auf die Unabhängigkeit seiner Mitglieder schließen. Er kann vielmehr seiner Aufgabe auch dann gerecht werden, wenn seine Mitglieder weisungsgebundene Beauftragte sind. Es liegt dann bei den im Rundfunkrat vertretenen Organen und Gruppen des staatlichen und gesellschaftlichen Lebens, sich gemeinsam für die Belange der Allgemeinheit einzusetzen. Ist damit die sachliche Unabhängigkeit der Ratsmitglieder nicht gewährleistet, so ist kein Grund für die Sicherung ihrer persönlichen Unabhängigkeit ersichtlich. Sie können deshalb von den auswahlberechtigten Stellen jederzeit abberufen werden, ohne daß dies ausdrücklich bestimmt zu werden brauchte.

Eine den Ratsmitgliedern des Süddeutschen Rundfunks vergleichbare Stellung haben beim Norddeutschen und beim Westdeutschen Rundfunk die Mitglieder der Programmbeiräte. Für sie fehlt es ebenfalls an einer Garantie der sachlichen und persönlichen Unabhängigkeit, die den Mitgliedern der Rundfunkräte dieser Anstalten ausdrücklich gewährt worden ist. Damit ergibt sich für sie noch deutlicher als für die Ratsmitglieder des Süddeutschen Rundfunks, daß sie von den Auswahlberechtigten abhängig bleiben sollten.

2. Erwerb der Mitgliedschaft

a) Persönliche Voraussetzungen

Bei allen Anstalten ergeben sich eine Reihe allgemeiner persönlicher Voraussetzungen für die Mitgliedschaft im Rundfunkrat daraus, daß die Mitglieder ein öffentliches Ehrenamt wahrnehmen[143]. Wer Mitglied

---

[141] Wie z. B. in § 10 IV 2 BundesbahnG v. 13. 12. 1951 (BGBl. I S. 955) i. d. F. v. 1. 8. 1961 (BGBl. I S. 1161), § 5 III 1 PostverwaltungsG v. 24. 7. 1953 (BGBl. I S. 676) i. d. F. v. 26. 12. 1957 (BGBl. I S. 1883) u. § 10 d. G. über die Verbreitung jugendgefährdender Schriften i. d. F. v. 29. 4. 1961 (BGBl. I S. 497).

[142] § 4 I 1 SDR-S.

[143] Art. 7 VI 1 BR-G, arg. § 19 HR-S, arg. § 8 VI NDR-V, § 8 IV RB-G, § 16 I 3 SR-G, § 14 II SFB-S, Art. 48 I SWF-S, arg. § 8 VII WDR-G, arg. § 23 I ZDF-S, arg. § 20 DLF/DW-G.

2. Kap.: Struktur der Anstaltsorgane

werden will, muß deshalb die bürgerlichen Ehrenrechte besitzen; außerdem darf ihm die Befähigung zur Bekleidung öffentlicher Ämter nicht aberkannt sein[144]. Er muß weiterhin geistig und körperlich in der Lage sein, das ihm anvertraute Amt auszuüben[145]. Hierzu gehört ebenfalls, daß er Kenntnisse und Erfahrungen auf den Gebieten hat, die zum Aufgabenbereich des Rundfunkrats gehören[146]. Dabei wird nicht die Qualifikation eines Rundfunksachverständigen vorausgesetzt. Es wird vielmehr lediglich ein Mindestmaß an sachlicher Befähigung erwartet, das für eine sinnvolle Mitarbeit im Rundfunkrat notwendig ist[147].

Neben diesen allgemeinen Voraussetzungen, die auch ohne ausdrückliche Regelung für jedes Ratsmitglied gegeben sein müssen, werden bei einer Reihe von Anstalten zusätzliche Anforderungen gestellt. Danach muß ein Mitglied das passive Wahlrecht zum Landtag besitzen[148], voll geschäftsfähig sein[149] und/oder seinen Wohnsitz oder dauernden Aufenthalt im Sendebereich der Anstalt haben[150]. Es darf außerdem keine Grundrechte verwirkt haben (Art. 18 GG)[151].

Es wird nicht generell gefordert, daß die Mitglieder der wählenden, berufenden oder entsendenden Stelle angehören müssen[152]. Auch bei den Formen des pluralistischen Rundfunkrats, der sich aus Vertretern gesellschaftlicher Kräfte und Staatsorganen zusammensetzt, wird dies nicht zwingend vorausgesetzt. Allerdings werden die entsendenden Stellen mittelbar zur ausschließlichen Berücksichtigung von Angehörigen ihrer Organisation veranlaßt, wenn deren Rückruf vom (freiwilligen oder erzwungenen) Ausscheiden aus der entsendenden Stelle abhängt[153]. Anderenfalls würden sie sich der für sie bedeutsamen Möglichkeit begeben, die Amtszeit ihrer Mitglieder vorzeitig beenden zu können.

---

[144] §§ 31—35 StGB.

[145] Vergleichbare ausdrückliche Regelung etwa in § 24 I Nr. 4 VwGO.

[146] *Dagtoglou*, Der Private in der Verwaltung, S. 130—133, 162.

[147] In diesem Sinn sind auch die Regelungen in § 8 II 2 NDR-V und § 8 V I WDR-G zu verstehen (vgl. Mündl. Begr. ndsZustG NDR-V, LT-Prot. II/Sp. 6312). Ob diese Voraussetzung erfüllt wird, ist allerdings weder überprüfbar noch sanktioniert.

[148] Art. 6 V 2 BR-G, § 6 IV SFB-S.

[149] Arg. § 10 d WDR-S, § 6 IV f ZDF-S. Sonst reicht allgemein der Besitz der beschränkten Geschäftsfähigkeit aus, der es auch Jugendlichen ermöglicht, dem Rundfunkrat anzugehören (vgl. z. B. § 17 VI Nr. 3 SR-G, Art. 11 V c SWF-S).

[150] Arg. § 17 VI Nr. 4 SR-G, § 10 III SWF-V, arg. § 10 c WDR-S.

[151] Arg. § 17 VI Nr. 5 SR-G (entspr. §§ 48 BBG, § 24 I BRRG).

[152] Ausdrückliche Ausnahme für einzelne Mitglieder etwa in Art. 6 II Nr. 1 BR-G, § 5 II Nr. 2 HR-G u. §§ 16 III, 17 VI Nr. 1 SR-G.

[153] Art. 6 IV 2 BR-G, § 10 I 2 SWF-V.

b) Bestellung

Der Erwerb der Mitgliedschaft setzt einen förmlichen Bestellungsakt voraus. Er besteht in der Wahl, Berufung oder Entsendung des Ratsmitglieds. Zum Bestellungsakt muß die Annahme der Mitgliedschaft durch das vorgesehene Mitglied hinzukommen[154]. Es ist nicht schon kraft Gesetzes zur Amtsübernahme verpflichtet, sondern entscheidet darüber nach eigenem Ermessen[155]. Annahme und Ablehnung der Mitgliedschaft sind empfangsbedürftige Willenserklärungen, die gegenüber der auswahlberechtigten Stelle abzugeben sind[156].

Mit der Abgabe der Annahmeerklärung sind alle Voraussetzungen für den Erwerb der Mitgliedschaft erfüllt. Dienstrechtlicher Vereinbarungen bedarf es nicht, weil die Ratsmitglieder als Inhaber eines Ehrenamtes ausschließlich in einem organschaftlichen Verhältnis zu ihrer Anstalt stehen. Ebensowenig ist ein konstitutioneller oder deklaratorischer staatlicher Bestätigungsakt erforderlich. Dies gilt auch für die Mitglieder, die von gesellschaftlichen Gruppen oder Einrichtungen entsandt werden. Diesen Stellen wird in den Rundfunkverfassungen ein subjektives öffentliches Recht auf unmittelbare Entsendung der von ihnen ausgewählten Persönlichkeiten eingeräumt, das jede staatliche Mitwirkung an der Bestellung zum Mitglied ausschließt[157]. Eine ausdrückliche Ausnahme besteht insoweit lediglich für die Ratsmitglieder des Senders Freies Berlin, die von gesellschaftlichen Kräften entsandt werden. Ihre Entsendung muß der Senat von Berlin bestätigen[158]. Die Bestätigung, die Wirksamkeitsvoraussetzung für den Erwerb der Mitgliedschaft ist[159], darf nur versagt werden, wenn das vorgesehene Mitglied das passive Wahlrecht zum Abgeordnetenhaus oder einem anderen Landesparlament nicht besitzt oder keine Gewähr für eine den Programmgrundsätzen entsprechende demokratische und unparteiliche Amtsführung bietet[160].

---

[154] So z. B. ausdrücklich § 14 V 1 ZDF-V.

[155] Eine Ausnahme gilt lediglich für die Mitglieder, die als Beamte in den Rundfunkrat entsandt werden. Sie sind auf Verlangen ihrer obersten Dienstbehörde zur Übernahme eines Nebenamtes im öffentlichen Dienst verpflichtet (vgl. z. B. § 64 BBG).

[156] So z. B. arg. § 5 DLF-S.

[157] Deshalb ist auch die nicht näher begründete Auffassung *Dagtoglous*, Der Private in der Verwaltung, S. 84, 101, daß es bei diesen Mitgliedern einer (feststellenden) Berufung durch das zuständige Staatsorgan bedürfe, nicht haltbar.

[158] § 6 V 2 SFB-S.

[159] Amtl. Begr. SFB-G 1956, LT-Drucks. II/944 S. 6.

[160] § 6 V 3 SFB-S.

3. Beginn und regelmäßige Dauer der Mitgliedschaft

Die Mitglieder des Rundfunkrats werden für eine Amtszeit bestellt, die bei den einzelnen Anstalten zwischen zwei und sechs Jahren liegt[161].

Der Amtsbeginn ist grundsätzlich für alle Mitglieder gleich. Nur vereinzelt ist ein gestaffelter Anfang vorgesehen, um im Interesse einer möglichst kontinuierlichen Tätigkeit des Rundfunkrats nicht sämtliche Mitglieder gleichzeitig austauschen zu müssen[162]. Der genaue Zeitpunkt des Amtsbeginns richtet sich nach dem ersten Zusammentritt des Rundfunkrats[163]. Wahl, Berufung oder Entsendung des Mitglieds kommen als Anfangstermin nicht in Betracht, weil in diesem Stadium noch nicht feststeht, ob das vorgesehene Mitglied das Amt auch annimmt.

Eine formelle Amtseinführung ist nicht vorgesehen. Soweit die Ratsmitglieder allerdings auf die gewissenhafte Erfüllung ihrer Aufgaben verpflichtet werden sollen, dürfen sie ihre Amtsgeschäfte erst nach Abgabe der Verpflichtungserklärung aufnehmen[164].

Die Mitgliedschaft endet im Regelfall mit dem Ablauf der Amtsperiode. Sie kann gelegentlich über diesen Zeitpunkt hinaus fortdauern, bis neue Mitglieder gewählt sind[165].

Die wiederholte Mitgliedschaft im Rundfunkrat ist für eine Reihe von Anstalten ausdrücklich zugelassen[166].

4. Rechte und Pflichten der Mitglieder

a) Grundsätze der Amtsführung

Die Mitglieder des Rundfunkrats haben ihr Amt so zu führen, daß sie jederzeit ihrer Stellung als Repräsentanten der Allgemeinheit gerecht werden. Sie haben sich nach pflichtgemäßem Ermessen für das

---

[161] Art. 6 IV 1 BR-G (2), § 6 I HR-G (6), § 8 II 1 NDR-V (5), § 5 Satz 1 RB-G (2), § 17 III SR-G (3), § 6 II 1 SFB-S (2), § 4 I 2 SDR-S (4), § 10 I 1 SWF-V (3), § 8 II 1 WDR-G (5), § 14 VIII 1 ZDF-V (4), §§ 3 I 2, 7 I 2 DLF/DW-G (4). Abweichende Regelungen bestehen für die Vertreter des Landtags im Rundfunkrat des HR und SR, die ihm für die Dauer einer Wahlperiode angehören (§ 6 II 2 HR-G, § 17 II SR-G). Außerdem werden beim SR die von der Landesregierung und den Kirchen benannten Mitglieder ohne zeitliche Begrenzung entsandt (§ 17 I SR-G).
[162] § 6 I 1, II HR-G, § 4 V 1 SDR-S.
[163] So z. B. ausdrücklich § 14 V 2 ZDF-V u. Art. 3 I DW-S.
[164] Vgl. hierzu im einzelnen unter A II 4 a dieses Kapitels.
[165] § 6 II 3 HR-G, § 17 IV SR-G; ähnlich Art. 6 V 3 BR-G.
[166] Art. 6 V 1 BR-G, § 6 I 2 HR-G, § 5 Satz 2 RB-G, § 4 V 2 SDR-S, § 8 II 2 WDR-G.

Gemeinwohl einzusetzen[167]. Daraus folgt für sie zunächst die Verpflichtung, überhaupt tätig zu werden. Sie haben, soweit nicht gewichtige Hinderungsgründe bestehen, zu den Sitzungen des Rundfunkrats zu erscheinen und sich nach besten Kräften an der Erledigung der laufenden Geschäfte zu beteiligen.

Die Garantie der sachlichen Unabhängigkeit gibt ihnen dabei die Möglichkeit, sich von jeder äußeren Einflußnahme zu lösen. Niemand darf sie durch Programme, Richtlinien oder Einzelweisungen auf ein bestimmtes Verhalten festlegen. Weisungsfreiheit bedeutet allerdings nicht Freiheit von jeder Bindung. Sie entzieht die Ratsmitglieder lediglich den speziellen Weisungen Dritter, nicht aber den generellen Weisungen des Gesetzes (Art. 20 III GG). Der Begriff des Gesetzes ist dabei im materiellen Sinn zu verstehen. Er reicht vom Verfassungsrecht über das förmliche Gesetz bis zur Rechtsverordnung und zur autonomen Satzung[168].

Zu den Pflichten der Ratsmitglieder gehört in der Regel auch, *Amtsverschwiegenheit* zu wahren. Sie unterliegen zwar keiner generellen gesetzlichen Schweigepflicht[169], können aber bei ihrem Amtsantritt zur Verschwiegenheit angehalten werden. Nach § 1 I BestechungsVO hat jede Körperschaft des öffentlichen Rechts die Möglichkeit, ehrenamtlich Tätige auf die gewissenhafte Erfüllung ihrer Obliegenheiten und damit auch auf ihre Verschwiegenheit zu verpflichten[170]. Zu den „Körperschaften" im Sinne der VO gehören alle juristischen Personen des öffentlichen Rechts. Sie ist damit auch auf die Rundfunkanstalten anwendbar. Die Verpflichtung der Ratsmitglieder wird vom Vorsitzenden des Rundfunkrats bei dessen ersten Zusammentritt vorgenommen[171]. Er ist die einzige Stelle innerhalb der Anstalt, die für diese Aufgabe in Betracht kommt. Die Geheimhaltungspflicht erstreckt sich auf alle Angelegenheiten, die dem Verpflichteten während seiner amtlichen Tätigkeit bekannt werden. Er darf die erlangten Kenntnisse nicht an Dritte weitergeben, wenn ein berechtigtes Interesse an ihrer Geheimhaltung besteht. Dieses Interesse kann sowohl öffentlicher als auch privater Natur sein. Auch Privatgeheimnisse nehmen am Schutz

---

[167] § 68 I EVwVerfG: „gewissenhaft und unparteiisch".
[168] *Bettermann*, Grundrechte III/2, S. 532.
[169] Wie sie nunmehr in § 69 I EVwVerfG für alle ehrenamtlich Tätigen vorgesehen ist. Soweit ein Mitglied als Beamter im Nebenamt in den Rundfunkrat entsandt wird, ergibt sich eine allgemeine Verschwiegenheitspflicht aus dem Beamtenrecht (vgl. z. B. §§ 61 I BBG, 39 I BRRG).
[170] Hierzu im einzelnen *Düwel*, Amtsgeheimnis, S. 59. In § 19 DLF/DW-G wird diese Verpflichtung zwingend gefordert.
[171] So ausdrücklich § 6 II DLF-S u. Art. 6 III DW-S.

54   2. Kap.: Struktur der Anstaltsorgane

des Amtsgeheimnisses teil, weil der einzelne einen Rechtsanspruch auf Achtung seiner Privatsphäre hat[172]. Allerdings muß der Private dafür sorgen, daß der Geheimnischarakter deutlich kenntlich gemacht wird. Die Geheimhaltung von Anstaltsangelegenheiten kann dadurch gewährleistet werden, daß der Rundfunkrat beschließt, sie vertraulich zu behandeln[173]. Für die unabhängigen Ratsmitglieder hat ein derartiger Beschluß die Wirkung, daß sie ihr Wissen an keinen Außenstehenden weitergeben dürfen. Dies gilt auch für die Mitglieder, die von gesellschaftlichen Gruppen oder staatlichen Organen entsandt werden[174]. So groß auch das Informationsbedürfnis der entsendenden Stelle sein mag, es hat doch hinter dem Anstaltsinteresse an einer vertraulichen Behandlung zurückzustehen. Abhängige Ratsmitglieder werden durch die Vertraulicherklärung verpflichtet, die erlangten Kenntnisse ihrerseits nur vertraulich an die entsendenden Stellen weiterzugeben.

Bricht ein Mitglied die ihm auferlegte Schweigepflicht, so können anstaltliche oder strafrechtliche Sanktionen verhängt werden. Das Mitglied kann, soweit vorgesehen, vom Rundfunkrat seines Amtes enthoben werden, wenn es durch sein Verhalten das Anstaltsinteresse ernstlich geschädigt hat. Außerdem kommt eine Bestrafung nach § 353 b StGB[175] und §§ 6, 7 BestechungsVO[176] in Betracht.

b) Inkompatibilitäten

Mit der Mitgliedschaft im Rundfunkrat sind eine Reihe von Ämter und Funktionen unvereinbar. Der Art der Beschränkung nach können anstaltliche, wirtschaftliche und politische Inkompatibilitäten unterschieden werden.

Bei nahezu allen Anstalten dürfen die Ratsmitglieder nicht einem weiteren kollegialen Organ der eigenen[177] und gelegentlich auch jeder

---

[172] *Düwel* S. 99—104.

[173] Die Vertraulicherklärung ist häufig ausdrücklich zugelassen (§ 6 III HR-S, Art. 6 IV NDR-S, § 8 VI ZDF-S, § 7 VI DLF-S, Art. 7 I 2 DW-S). Sie ist aber auch dann zulässig, wenn derartige Regelungen fehlen.

[174] Beamtete Mitglieder sind auch ihrem Vorgesetzten gegenüber zur Verschwiegenheit verpflichtet (vgl. hierzu auch *Düwel* S. 83).

[175] Zu den Einzelheiten *Düwel* S. 59—63.

[176] Nach § 72 I Nr. 3 EVwVerfG soll nunmehr jede Verletzung der Verschwiegenheitspflicht als Ordnungswidrigkeit geahndet werden.

[177] Art. 8 I 2 BR-G, § 11 I Nr. 4 HR-G, § 7 II NDR-V, § 9 I RB-G, § 14 I SR-G, § 12 III SWF-V, § 7 II WDR-G, § 17 II ZDF-V. Beim SDR ist die gleichzeitige Mitgliedschaft im Verwaltungsrat dagegen ausdrücklich zugelassen (§ 7 I 4 SDR-S), außerdem gehört der Vorsitzende des Verwaltungsrats dem Rundfunkrat kraft Amtes an (§ 4 II Nr. 24 SDR-S).

anderen Anstalt[178] angehören. Diese Regelung bezweckt, durch eine klare Trennung der Funktionen des einzelnen Mitglieds die rechtlichen Voraussetzungen für eine wirksame Kontrolltätigkeit des Rundfunkrats und zugleich für eine funktionale Gewaltenteilung innerhalb der Anstalt zu schaffen.

Die Beschränkungen in wirtschaftlicher Hinsicht bestehen vor allem darin, daß kein Mitglied Angestellter seiner oder einer anderen Anstalt sein oder anderweitig gegen Entgelt für seine Anstalt tätig werden darf[179]. Es darf weiterhin in der Regel auch keine anderen wirtschaftlichen oder sonstigen Interessen verfolgen, die geeignet wären, die Erfüllung seiner Aufgaben zu gefährden[180]. Auf diese Weise soll es vor erfahrungsgemäß auftretenden Konflikten zwischen Gesamt- und Individualinteressen geschützt und dadurch in seiner sachlichen Unabhängigkeit weiter gestärkt werden.

Politische Inkompatibilitäten bestehen in erster Linie für Mitglieder, die von gesellschaftlichen Kräften unmittelbar entsandt werden. Sie dürfen in der Regel weder dem Parlament noch der Regierung angehören[181], um auch jede mittelbare Verlagerung des von den Gesetzgebern gewollten Kräfteverhältnisses im Rundfunkrat zugunsten staatlicher Organe zu verhindern.

Welche Rechtsfolgen die Ämterhäufung auslöst, ist meistens nicht geregelt. In diesem Fall bleibt den Ratsmitgliedern die Entscheidung überlassen, welches Amt sie beibehalten wollen[182]. Ausnahmen gelten insoweit lediglich für das Zweite Deutsche Fernsehen und die Bundesrundfunkanstalten. Bei beiden Anstalten gilt ein Mitglied als ausgeschieden, wenn der Rundfunkrat das Bestehen einer Inkompatibilität

---

[178] § 14 II b SR-G, Art. 11 IV SWF-S (Genehmigung durch gemeinsamen Beschluß von Rundfunkrat und Verwaltungsrat möglich), §§ 3 II 2, 7 II DLF/ DW-G (zu denen vertragliche Bindungen über Programmlieferungen bestehen).

[179] Art. 6 III 2 BR-G, § 5 I 2 HR-G, § 7 III NDR-V, § 14 II a—c SR-G (Genehmigung sonstiger entgeltlicher Tätigkeit durch die Vorsitzenden beider kollegialer Organe möglich), § 6 I 2 SFB-S (regelmäßige Mitarbeit allerdings mit Zustimmung des Rundfunkrats möglich, § 14 III 1 d. S.), § 4 IV SDR-S, § 10 IV SWF-V i. V. m. Art. 11 II SWF-S, § 7 III WDR-G, § 14 VII 2 ZDF-V, §§ 3 II 3, 7 II DLF/DW-G.

[180] § 14 VII 4 ZDF-V, §§ 3 II 1, 7 II DLF/DW-G; engere Regelungen in § 7 IV NDR-V, § 14 III 2 SFB-S, § 14 III SR-G u. § 7 IV WDR-G.

[181] Art. 6 III 1 BR-G, § 4 IV SDR-S, § 14 VI 2 ZDF-V. Soweit beim NDR und WDR nur eine begrenzte Zahl der Mitglieder dem wahlberechtigten Landtag oder dem Bundestag angehören soll (§ 8 II 3 NDR-V, § 8 III WDR-G), ist dieses Gebot nicht auf die Person des einzelnen Mitglieds bezogen, sondern richtet sich ausschließlich an die auswahlberechtigten Stellen.

[182] *Herzog*, Ev. Staatslexikon, Sp. 787.

oder Interessenkollision feststellt[183]. Beim Zweiten Deutschen Fernsehen scheidet ein Mitglied außerdem mit der Berufung oder der Annahme seiner Wahl in den Verwaltungsrat aus dem Fernsehrat aus[184]. Vor allem die erstere Regelung bietet den Vorteil, bei der häufig nur schwer zu beurteilenden wirtschaftlichen Interessenkollision klare Verhältnisse zu schaffen. Gleichwohl läßt sie sich nicht auf alle übrigen Anstalten übertragen, da eine derart schwerwiegende Rechtsfolge nur kraft ausdrücklicher Bestimmung eintreten kann. Weigert sich ein Mitglied, eines seiner Ämter aufzugeben, so kann allenfalls seine vorzeitige Abberufung wegen einer ernstlichen Schädigung der Anstaltsinteressen erwogen werden, soweit eine derartige Befugnis überhaupt besteht[185].

c) Auslagenersatz, Aufwandsentschädigung

Als ehrenamtlich Tätige nehmen die Mitglieder des Rundfunkrats ihre Aufgabe unentgeltlich wahr[186]. Sie sollen keine Gewinne erzielen, andererseits aber auch keine finanziellen Nachteile erleiden. Nahezu alle Rundfunkordnungen sehen deshalb vor, daß die Mitglieder des Rundfunkrats Ersatz der notwendigen Auslagen sowie eine Aufwandsentschädigung erhalten[187].

5. *Vertretung in der Mitgliedschaft*

Die Möglichkeit, ein Mitglied bei der Ausübung seiner Amtsgeschäfte vertreten zu lassen, ist grundsätzlich nicht vorgesehen. Daraus kann gefolgert werden, daß sie nicht besteht. Repräsentantenstellung und freies Mandat verpflichten zu höchstpersönlicher Amtsführung[188] und schließen es deshalb aus, die Ausübung der Mitgliedschaftsrechte auch nur vorübergehend Dritten zu überlassen.

---

[183] § 6 III ZDF-S, § 5 II DLF-S.
[184] § 17 II ZDF-V.
[185] Vgl. hierzu unter A II 6 dieses Kapitels.
[186] Ausnahme: § 19 III HR-G.
[187] Art. 7 VI 2 BR-G, § 19 I, II HR-S, § 8 VI NDR-V i. V. m. Art. 12 NDR-S, § 8 IV RB-G, § 14 II SFB-S, § 18 II SR-G, Art. 48 II SWF-S, § 8 VII WDR-G i. V. m. § 13 WDR-S, § 23 I ZDF-S, § 20 DLF/DW-G i. V. m. § 21 DLF-S u. Art. 10 DW-S. Für den SDR fehlt eine entsprechende Regelung. Gleichwohl können auch hier die Mitglieder des Rundfunkrats zumindest Ersatz ihrer Unkosten verlangen. Einen generellen Anspruch auf Ersatz der notwendigen Auslagen und des entgangenen Arbeitsverdienstes sieht nunmehr auch § 70 EVwVerfG vor.
[188] *Leibholz*, Repräsentation, S. 173. Zu den praktischen Bedenken gegen die Zulassung der Vertretung vgl. Aussch. f. Kulturpolitik u. Publizistik, BT-Drucks. III/1956 zu §§ 14—16 d. Entw.

A. Rundfunkrat

Ausdrückliche Ausnahmen sind lediglich für die Ratsmitglieder Radio Bremens, des Saarländischen Rundfunks und des Westdeutschen Rundfunks zugelassen. Bei diesen Anstalten bestimmen die wahl- und entsendungsberechtigten Stellen für jedes ordentliche Mitglied einen Vertreter[189]. Er muß die gleichen persönlichen Voraussetzungen wie das ordentliche Mitglied erfüllen. Ist das ordentliche Mitglied verhindert, so nimmt er vollberechtigt an den Sitzungen des Rundfunkrats teil[190]. Ein Fall der Verhinderung ist gegeben, wenn das ordentliche Mitglied noch im Besitz der Mitgliedschaftsrechte ist und nur vorübergehend an ihrer Ausübung gehindert ist[191]. Es fordert dann seinen Vertreter unverzüglich auf, die Amtsgeschäfte weiterzuführen[192]. Die Entscheidung über die Vertretung liegt damit beim einzelnen Mitglied und nicht bei der wahl- und entsendungsberechtigten Stelle. Auf diese Weise wird der Repräsentantenstellung der Mitglieder wenigstens insoweit Rechnung getragen, als eine Gefährdung ihrer persönlichen und sachlichen Unabhängigkeit weitgehend vermieden wird.

6. Vorzeitiger Verlust der Mitgliedschaft

Die Mitgliedschaft endet regelmäßig mit dem Ablauf der Amtsperiode. Sie kann aber auch vor diesem Zeitpunkt verlorengehen. Ihre vorzeitige Beendigung wird einmal durch den Tod des Mitglieds bewirkt, mit dem sämtliche Mitgliedschaftsrechte erlöschen. Weiterhin kann jedes Mitglied auf sein Amt verzichten, weil eine gesetzliche Verpflichtung zu seiner Übernahme und Ausübung nicht besteht[193]. Die Aufgabe der Mitgliedschaft ist gegenüber der auswahlberechtigten Stelle, bei der Deutschen Welle auch gegenüber dem Rundfunkrat zu erklären[194]. Die Mitgliedschaft erlischt ferner mit dem Wegfall der Voraussetzungen, die für ihren Erwerb erforderlich waren: mit dem Verlust oder der Beschränkung der Geschäftsfähigkeit, dem Verlust der bürgerlichen Ehrenrechte oder der Befähigung zur Bekleidung öffentlicher Ämter, der Aufgabe des Wohnsitzes im Sendebereich der Anstalt, usw.[195]. Sie kann schließlich mit der vorzeitigen Abberufung des Mitglieds enden.

---

[189] § 4 III RB-G, § 16 I 2 SR-G, § 8 II 1 WDR-G.
[190] § 4 III RB-G, § 8 IV 1 WDR-G.
[191] § 13 I 3 DLF-S: „längere Funktionsunfähigkeit".
[192] § 6 II 1 WDR-S. Die gleichen Grundsätze müssen auch ohne ausdrückliche Regelung für RB gelten, da sie mit der vom Gesetzgeber gewollten Repräsentantenstellung der Rundfunksratsmitglieder noch am ehesten vereinbar sind.
[193] Etwas anderes gilt nur für die Mitglieder, die dem Rundfunkrat als Beamte im Nebenamt angehören (vgl. hierzu Anm. 155).
[194] Art. 4 I DW-S.
[195] Vgl. z. B. § 17 VI Nr. 1, 3—6 SR-G, Art. 11 V c SWF-S, § 10 c—e WDR-S, § 6 IV f u. g ZDF-S.

Unter welchen Voraussetzungen ein Mitglied von der auswahlberechtigten Stelle abberufen werden kann, ist bereits erörtert worden[196]. Daneben ist vereinzelt auch der Rundfunkrat berechtigt, ein Mitglied vorzeitig zu entlassen, wenn dessen weiteres Verbleiben im Amt eine ernste Schädigung der Anstaltsinteressen oder des Ansehens des Rundfunkrats darstellen würde[197]. Diese Befugnis dient den übergeordneten Interessen der Allgemeinheit, unwürdige Mitglieder von der weiteren Mitarbeit im Rundfunkrat auszuschließen. Sie gefährdet die sachliche Unabhängigkeit der Mitglieder nicht, da die Abberufung von einem Gremium ausgesprochen wird, das die Belange der Allgemeinheit zu vertreten hat. Staatliche Organe haben keine Abberufungsrechte, die über die ausdrücklich normierten Rückrufmöglichkeiten hinausgehen. Dies gilt insbesondere für die staatliche Exekutive. Sie ist an der Begründung der Mitgliedschaft grundsätzlich nicht beteiligt und kann diese deshalb auch nicht vorzeitig beenden[198]. Ebensowenig kann sie bei den Anstalten, die der Staatsaufsicht unterliegen, im Aufsichtswege gegen einzelne Ratsmitglieder vorgehen, da sich ihre Aufsichtsbefugnisse ausschließlich gegen die Organe der Rundfunkanstalten richten[199].

III. Der Rundfunkrat — eine Repräsentation der Allgemeinheit?

Die Gestaltung des Rundfunkrats als der Vertretung der Allgemeinheit auf dem Gebiet des Rundfunks macht deutlich, daß es den Rundfunkgesetzgebern bei der Beteiligung der bedeutendsten Organe, Organisationen und Institutionen des gesellschaftlichen und staatlichen Lebens nicht nur um die Berücksichtigung von Sonderinteressen ging. Ihr eigentliches Ziel war vielmehr, die Vielzahl der Interessen zu einer Einheit zusammenzufassen, um zu einer möglichst wirklichkeitsnahen Gesamtdarstellung der am Rundfunk interessierten Öffentlichkeit zu gelangen. Daß dadurch eine wirkliche Repräsentation der Allgemeinheit erreicht worden ist, erscheint allerdings in mehrfacher Hinsicht als fraglich.

---

[196] Vgl. hierzu unter A II 1 b u. c dieses Kapitels.

[197] § 6 III HR-G (mit anschließender Anrufung eines Schiedsgerichts), Art. 11 VI b SWF-S (Abberufung durch die entsendende Stelle aufgrund einer Mitteilung des Rundfunkrats).

[198] Anders allerdings *Dagtoglou*, Der Private in der Verwaltung, S. 102, der der staatlichen Exekutive grundsätzlich ein Recht zur Abberufung zuerkennt, wenn ein Mitglied seiner Verpflichtung zur Mitarbeit im Rundfunkrat nicht nachkommt. Er leitet diese Befugnis aus der allgemeinen Verpflichtung des Staates her, für die Leistungsfähigkeit der ihm unterstellten Ämter zu sorgen.

[199] Vgl. hierzu unter III 3 des 4. Kapitels.

A. Rundfunkrat

1. *Der pluralistische Rundfunkrat*

Diesem Typ des Rundfunkrats liegt die Vorstellung zugrunde, daß auch der Pluralismus der heutigen Gesellschaft der Repräsentation des Volksganzen fähig ist. Er hat seine bedeutendsten Vorbilder im vorläufigen Reichswirtschaftsrat der Weimarer Republik[200] und im Bayerischen Senat[201]. Eine verwandte Gliederung weisen weiterhin auch die Bundesprüfstelle nach dem Gesetz über die Verbreitung jugendgefährdender Schriften[202] sowie mit einigen Einschränkungen die Verwaltungsräte von Bundesbahn[203] und Bundespost[204] auf. Alllen diesen Organen ist das Ziel gemeinsam, das Staatsvolk nicht nur in seinen politischen, sondern auch in seinen „natürlichen, nichtpolitischen Gliederungen" zur Geltung zu bringen[205]. Sie werden ganz oder doch in erster Linie von Verbänden gebildet, die für bestimmte Teilbereiche des gesellschaftlichen Lebens als repräsentativ angesehen werden und die in ihrer Zusammenfassung eine umfassende Vertretung der Allgemeinheit gewährleisten sollen.

Den Bestrebungen, dem Interessenpluralismus Repräsentationsfähigkeit zuzuerkennen, sind die Vertreter des traditionellen Repräsentationsbegriffs von jeher entgegengetreten. Für sie besteht das Wesen der Repräsentation darin, eine höhere Art Sein sichtbar zu machen und zu vergegenwärtigen[206]. Wegen dieses ideellen Gehalts lassen sie die Repräsentation wirtschaftlicher, sozialer oder kultureller Sonderinteressen nicht zu. Derartige Interessen könnten auch in ihrer Summierung nicht zu einem ideellen Ganzen zusammenwachsen, da ihnen jeder höhere Wert fehle[207].

Im neueren Schrifttum wird demgegenüber auch die Repräsentation gesellschaftlicher Interessen für zulässig erachtet. So vertritt Joseph

---

[200] Art. 165 III, IV WRV u. die VO über den vorl. Reichswirtschaftsrat v. 4. 5. 1920 (RGBl. 858). Zu organisatorischen Aufbau im einzelnen vgl. *Glum*, HdbDStR I, S. 583—585. Einen allgemeinen Überblick über die Institution des Wirtschaftsrats gibt *Dagtoglou*, Der Private in der Verwaltung, S. 88—100.

[201] Art. 34—36 Bay. Verf. Zu seiner Rechtsstellung neuestens *Küchenhoff* DÖV 1967 S. 79 f.

[202] § 9 I, II d. G. i. d. F. v. 29. 4. 1961 (BGBl. I S. 497)

[203] § 10 II BundesbahnG v. 13. 12. 1951 (BGBl. I S. 953) i. d. F. v. 1. 8. 1961 (BGBl. I S. 1161).

[204] § 5 I, II PostverwaltungsG v. 24. 7. 1953 (BGBl. I S. 676) i. d. F. v. 26. 12. 1957 (BGBl. I S. 1883).

[205] So für den Bay. Senat BayVerfGHE 8, 11 (22) u. 14, 87 (98).

[206] *Leibholz*, Repräsentation, S. 32, Carl *Schmitt*, Verfassungslehre, S. 209 f.

[207] *Leibholz* S. 73, *Schmitt* S. 212 f. Dieser Aspekt wird neuerdings auch von *Krüger*, Staatslehre, S. 236—243 stark betont. Für ihn besteht das Wesen der Repräsentation in einem Vorgang der „Selbst-Vergütung", der eine Person oder Gruppe über ihre natürliche Wirklichkeit heraushebt und sie so zur Darstellung des Gemeinwohls befähigt.

H. Kaiser aufgrund eingehender soziologischer Untersuchungen die These, daß der Interessenpluralismus zwar nicht institutionell, wohl aber faktisch repräsentiert werden könne[208]. Für ihn ergibt sich die Notwendigkeit einer solchen Gesamtdarstellung aus dem Dualismus von Staat und Gesellschaft, der die organisierten gesellschaftlichen Kräfte zwinge, sich gegenüber der politischen Herrschaft zur Geltung zu bringen[209]. Die Gesellschaft könne allerdings eine solche Gegenposition nur als soziales Ganzes beziehen. Nicht die isolierte Vertretung von Einzelinteressen, sondern erst das „Zusammenspiel, die Konkurrenz und die Balance der organisierten Interessen" ergäben eine Einheit, die der Repräsentation fähig sei[210].

Herbert Krüger hält darüber hinaus nicht nur eine faktische Repräsentation der Gesellschaft, sondern eine echte Darstellung des Staates durch organisierte Interessen für möglich[211]. Er setzt dabei voraus, daß die gesellschaftlichen Organisationen bereit sind, sich bei der Wahrnehmung ihrer Interessen am Gemeinwohl zu orientieren[212]. Diese Bereitschaft zur „Selbst-Vergütung" könne für alle Verbände von öffentlicher Bedeutung angenommen werden, die ihrem Wesen nach auf staatliche Repräsentation ausgerichtet seien. In dieser Funktion seien sie Bestandteil der Verfassung im materiellen Sinne, ohne jedoch institutionell mit den Staatsorganen verbunden werden zu können[213].

Die modernen Ausprägungen des Repräsentationsbegriffs haben bisher keine allgemeine Anerkennung gefunden. Kaiser wird vom Boden der traditionellen Lehre her entgegengehalten, daß keine noch so vollständige Summierung von Einzelinteressen zu einer Darstellung des Gemeinwohls führen könne[214]. Gegen Krüger wird vor allem eingewandt, er gehe von einem Wunschbild der Verbände aus, das sich auch künftig nicht realisieren lassen werde[215]. Zu diesen Argumenten gegen

---

[208] Repräsentation S. 355. Ähnlich Hans *Huber*, Staat und Verbände, S. 19, der die Vertretung gesellschaftlicher Interessen als „ein Stück existenzieller Repräsentation" neben die „konstitutionelle" Repräsentation stellt.
[209] Dialektik, S. 79 f.
[210] Repräsentation, S. 360 f.
[211] Staatslehre, S. 406.
[212] Staatslehre, S. 400 f.
[213] Staatslehre, S. 407.
[214] So z. B. *Dagtoglou*, Der Private in der Verwaltung, S. 45, E. R. *Huber*, Selbstverwaltung, S. 49, *Leibholz* VVDStRL 24 S. 21 f., *Scheuner*, Festschrift für Hans Huber, S. 244 u. DÖV 1965 S. 580 sowie *Wittkämper* S. 150. — *Hirsch*, Gewerkschaften, S. 127 f. kritisiert die seiner Meinung nach überholte Trennung von Staat und Gesellschaft, die den Ausgangspunkt der Überlegungen Kaisers bildet. Für ihn sind das System der Interessenverbände ebenso wie die Staatsrepräsentation im engeren Sinne Teile ein und desselben Gemeinwesens.
[215] So neben *Leibholz* VVDStRL 24 S. 25 vor allem *Schefold* ZSR 1965 S. 284 f., der ein auf das Gemeinwohl gerichtetes Zusammenwirken der ge-

die Repräsentationsfähigkeit von Verbänden kommt ein weiteres grundsätzliches Bedenken hinzu, das hier nur angedeutet werden kann. Es betrifft die Legitimation der Verbände, die Angehörigen ihres engeren Lebensbereichs zu vertreten[216]. Repräsentation kann nach demokratischen Grundsätzen nur dann legitim sein, wenn dem Repräsentanten das Mandat erteilt worden ist, Gesamtinteressen wahrzunehmen[217]. Die Verbände können, auch wenn sie gelegentlich gegenteiliger Auffassung sind[218], einen solchen Auftrag nicht für sich in Anspruch nehmen. Ihr Mitgliederbestand ist meist so gering, daß sie schon aus diesem Grunde nicht legitimiert sind, für eine ganze Bevölkerungsgruppe zu sprechen[219]. Auch Verbände mit hohen Mitgliederzahlen vertreten in Wirklichkeit häufig nur eine kleine Minderheit, weil der größte Teil ihrer Angehörigen die Mitgliedschaft nur formell aufrechterhält, ohne sich jedoch mit den Verbandszielen zu identifizieren[220]. Diese Mängel verstärken sich noch, wenn organisierte Interessen institutionell zu Verbänderäten zusammengefaßt werden. Dadurch wird die Zahl der Staatsbürger, die auf die Willensbildung der Verbände keinen Einfluß haben und denen die Verbände für ihre Tätigkeit nicht verantwortlich sind[221], weiter vergrößert. Dies gilt in besonderem Maße für einige wichtige gesellschaftliche Teilbereiche, die ohne wirksame Interessenvertretungen sind[222]. Bleiben sie unberücksichtigt oder wer-

---

sellschaftlichen Kräfte für wenig wahrscheinlich hält. Er erkennt vielmehr die Gefahr, daß „hinter der Fassade der Hervorbringung des Staates durch die Gesellschaft und der Nicht-Identifikation eine Klassenherrschaft" aufgerichtet wird. Daß diese Skepsis nicht unberechtigt ist, bestätigen die Untersuchungen von *Schmölders*, Verbände, S. 70—79. Er kommt bei einer kritischen Würdigung des Selbstbildnisses der Verbände zu dem Ergebnis, daß ein überzeugender Einsatz für das Gemeinwohl in der Regel nur dann festzustellen ist, wenn sich die Interessen der Allgemeinheit mit denen der Verbandsmitglieder decken (S. 77 f.).

[216] Die Bedeutung dieses Gesichtspunkts, dem bisher keine Beachtung geschenkt worden ist, betonen nunmehr *Herzog*, Gesellschaft u. Politik 3/1965 S. 19 f. u. *Hirsch*, Gewerkschaften, S. 136—141.

[217] *Herzog* S. 19, *Hirsch* S. 136.

[218] Das Bestreben z. B. der Gewerkschaften, die gesamte Arbeiterschaft zu vertreten, wird von *Hirsch* S. 97 f., 129 f., 132 eingehend dargestellt.

[219] So gehört z. B. den Gewerkschaften lediglich ein Drittel aller Arbeitnehmer an (hierzu *Hirsch* S. 130 mit statistischen Nachweisen). — Gleichwohl hält *Krüger*, Staatslehre, S. 398 auch die Repräsentation von Nichtmitgliedern durch einen Verband für zulässig, weil „der Gestalt ... der Vorrang vor der Gestaltlosigkeit zuerkannt" werden müsse. Für *Herzog* S. 19 Anm. 85 ist eine solche Repräsentation vom demokratischen Standpunkt her unannehmbar.

[220] In dieser Gefahr stehen vor allem die Kirchen.

[221] Zu den bestehenden Einflußmöglichkeiten und den Anforderungen des demokratischen Prinzips eingehend *Hirsch* S. 140.

[222] Hierzu rechnen vor allem der kulturelle Bereich, die freien Berufe und die Verbraucher. Die bisherigen Versuche, auch diese Bereiche zu repräsentieren, werden von *Dagtoglou*, Der Private in der Verwaltung, S. 46 als „unechte Interessenvertretung" bezeichnet.

den sie durch Verbände aus anderen Bereichen mitvertreten, so liegt darin eine Ungleichheit, die im Widerspruch zu grundlegenden demokratischen Prinzipien steht[223]. Ebenso unbefriedigend ist, daß organisierte Staatsbürger in einem Verbänderat unter Umständen mehrfach vertreten sind, während die nichtorganisierte Mehrheit ohne Einfluß bleibt[224].

Mit allen übrigen bekannten Formen des Verbänderats kann damit auch der pluralistische Rundfunkrat nicht als wirkliche Repräsentation der Allgemeinheit angesehen werden. Ob die Repräsentation pluralistischer Interessen überhaupt mit demokratischen Grundsätzen vereinbar ist, mag offen bleiben[225]. Hier genügt die Feststellung, daß sie solange unzureichend bleibt, als sie ausschließlich oder doch in erster Linie auf organisierte Interessen gestützt wird[226].

2. Der staatlich-politische Rundfunkrat

Auch bei diesem Ratstyp stellt sich die Frage nach seiner demokratischen Legitimation. Soll der Rundfunkrat eine Repräsentation der Allgemeinheit sein, so muß er sich auf ein Mandat stützen können, das ihm die Öffentlichkeit unmittelbar oder doch wenigstens mittelbar erteilt hat. Diesem Erfordernis wird allenfalls der von den Parlamenten gebildete Rundfunkrat gerecht. Seine Mitglieder werden von den politischen Volksvertretungen gewählt, die ihrerseits durch allgemeine Wahlen legitimiert sind. Allerdings gilt dies nur unter der Voraussetzung, daß die Parlamente in der Lage sind, den Rundfunkrat zu einem echten „Rundfunkparlament" zu gestalten. Besitzen sie diese Freiheit nicht[227], sondern haben sie für eine pluralistische Gliederung des Rundfunkrats zu sorgen, so würde ihnen hierfür das Mandat der begünstigten Gruppen und Bevölkerungsschichten fehlen. Sie repräsentieren nicht die unpolitischen Gliederungen der Gesellschaft, sondern die politische Einheit des Volkes. Deshalb könnten sie sich nicht auf ihr *politisches* Mandat berufen, wenn sie eine demokratisch legitimierte *pluralistische* Gesamtvertretung schaffen wollen.

---

[223] *Herzog* S. 19, *Hirsch* S. 133. Ähnlich *Dagtoglou*, Der Private in der Verwaltung, S. 76.

[224] Hierzu *Herzog* S. 19 mit einem anschaulichen Beispiel aus dem Bay. Senat.

[225] *Herzog* S. 20 hält eine solche Organisation für möglich, wenn das pluralistische Organ nicht als Verbänderat, sondern als Gruppenrat aufgebaut wird, zu dem der Einzelne schon aufgrund seiner Gruppenzugehörigkeit wahlberechtigt ist.

[226] *Breitling*, Verbände, S. 78 f., *Herzog* S. 19, *Hirsch* S. 141.

[227] Zu den Bedenken, die insoweit für die Rundfunkräte des Norddeutschen und des Westdeutschen Rundfunks im Hinblick auf die Ordnungsgebote des BVerfG bestehen, vgl. unter A I 2 a dieses Kapitels.

B. Der Verwaltungsrat

I. Formen des Verwaltungsrats

Die Struktur der Verwaltungsräte, denen bei den einzelnen Anstalten zwischen sieben und neun Mitgliedern angehören[228], ist ebenso wie die der Rundfunkräte uneinheitlich. Die bestehenden Unterschiede beruhen auf den gleichen Erwägungen, die beim Rundfunkrat zur Schaffung eines pluralistisch und eines politisch gegliederten Ratstyps geführt haben. Auch für den Verwaltungsrat hatten die Gesetzgeber zu entscheiden, ob sie in erster Linie gesellschaftliche oder staatlich-politische Kräfte mit der Bildung und Gliederung dieses Organs betrauen sollten.

1. Der pluralistisch gegliederte Verwaltungsrat

a) Seine Bildung

In allen Anstalten, die über einen pluralistisch gegliederten Rundfunkrat verfügen, wird der Verwaltungsrat nach einem gemischten Auswahlsystem gebildet. Die Mehrzahl der Mitglieder wählt der Rundfunkrat, die übrigen Mitglieder gehören dem Verwaltungsrat entweder kraft Amtes an oder werden von staatlichen Organen gewählt oder entsandt[229].

Mitgliedschaften kraft Amtes bestehen beim *Bayerischen Rundfunk* für die Präsidenten des Landtags, des Senats und des Verwaltungsgerichtshofs, beim *Hessischen Rundfunk* für die Präsidenten des Oberlandesgerichts Frankfurt und der Landeszentralbank, zu denen ein Vertreter der Technischen Hochschule Darmstadt hinzukommt, sowie bei *Radio Bremen* für die Präsidenten der Bürgerschaft und des Landgerichts.

Von den staatlichen Organen, die an der Bildung des Verwaltungsrats beteiligt sind, entsenden beim *Süddeutschen Rundfunk* der Landtag, beim *Saarländischen Rundfunk*, *Südwestfunk* und beim *Zweiten Deutschen Fernsehen* die Regierungen einen oder mehrere Vertreter.

b) Seine Zusammensetzung

Die Zusammensetzung der Verwaltungsräte wird in erster Linie vom Rundfunkrat bestimmt. Bei der Auswahl der Mitglieder unterliegt

---

[228] BR, HR, RB, SR, SFB, WDR, DLF, DW: 7; NDR: 8; SDR, SWF, ZDF: 9.
[229] Art. 8 I 1 BR-G, § 11 I HR-G, § 9 I 1 RB-G, § 22 I 2, 3 SR-G, § 7 I 1 SDR-S, § 12 II 1, 3 SWF-V, § 17 I ZDF-V. Eine Ausnahme gilt lediglich für den Verwaltungsrat des SFB, der ausschließlich vom Rundfunkrat gebildet wird (§ 9 II 1 SFB-S).

er nur geringfügigen Beschränkungen. Er darf sie grundsätzlich nicht den eigenen Reihen entnehmen[230] und hat außerdem vereinzelt darauf zu achten, daß sie nicht einer beteiligten Regierung angehören[231]. Im übrigen hat er freie Hand. Für einen wesentlichen Teil des Verwaltungsrats ist damit eine Gliederung zu erwarten, die auf einer stark verengten Basis der des auswahlberechtigten Rundfunkrats entspricht. Chancen, in den Verwaltungsrat gewählt zu werden, haben vor allem solche Persönlichkeiten, die einer der großen gesellschaftlichen Gruppen angehören oder nahestehen. Dabei wird mit größter Wahrscheinlichkeit dafür gesorgt werden, daß das zwischen diesen Gruppen bestehende Kräfteverhältnis auch im Verwaltungsrat erhalten bleibt. Diese Gestaltungsmöglichkeiten rechtfertigen es, die Verwaltungsräte als vornehmlich *pluralistisch gegliedert* zu kennzeichnen.

Starke politische Akzente erhalten die Verwaltungsräte durch die Beteiligung staatlicher Organe und Repräsentanten an ihrer Bildung.

Bei *Bayerischen Rundfunk* und bei *Radio Bremen* vermitteln Mitgliedschaften kraft Amtes den gesetzgebenden Körperschaften eine Vorzugsstellung, deren Präsidenten in den Verwaltungsräten beider Anstalten einen festen Sitz haben. Auf diese Weise erhalten die Legislativorgane vor allen anderen Organen und Gruppen, deren Vertreter erst durch den Rundfunkrat gewählt werden müssen, einen beachtlichen Vorsprung. Ihre Stellung gewinnt beim Bayerischen Rundfunk noch dadurch an Bedeutung, daß die Präsidenten des Landtags und des Senats kraft Gesetzes das Amt des Vorsitzenden und des stellvertretenden Vorsitzenden innehaben[232].

Die beim Bayerischen Rundfunk und Radio Bremen zu beobachtende Verstärkung des Staatseinflusses setzt sich beim *Süddeutschen Rundfunk*, beim *Südwestfunk* und beim *Zweiten Deutschen Fernsehen* in noch größerem Umfang fort. Von den jeweils neun Mitgliedern des Verwaltungsrats werden beim Süddeutschen Rundfunk vier vom Land-

---

[230] Art. 8 I 2 BR-G, § 11 I Nr. 4 HR-G, § 9 I 1 RB-G, § 14 I SR-G, § 12 III 1 SWF-V. Ebenso im Ergebnis § 17 I b, II ZDF-V. Ausdrückliche Ausnahmen bestehen für den SFB und den SDR, bei denen die Ratsmitglieder dem Rundfunkrat angehören müssen oder doch wenigstens angehören dürfen (§ 9 II 1 SFB-S, § 7 I 4 SDR-S).

[231] Art. 8 I 3 BR-G, § 7 I 4 SDR-S, § 17 I b ZDF-V. Die vom Rundfunkrat gewählten Mitglieder dürfen beim ZDF weiterhin auch nicht einer gesetzgebenden Körperschaft der Länder oder des Bundes angehören. Unter den Verwaltungsratsmitgliedern des SDR dürfen außerdem nicht mehr als zwei Beamte oder Angestellte sein, die in einem Abhängigkeitsverhältnis zur Regierung stehen (§ 7 I 5 SDR-S).

[232] Art. 9 BR-G. — Erklärter Zweck dieser Regelung war, das Parlament „an einer entscheidenden Stelle" in den Rundfunk einzuschalten (Aussch. f. Kulturpolitische Fragen, LT-Prot. I/Bd. II S. 1774).

B. Verwaltungsrat

tag gewählt[233], beim Südwestfunk und beim Zweiten Deutschen Fernsehen entsenden die Regierungen drei bzw. vier Mitglieder. Für ihre Auswahl bestehen abgesehen davon, daß sie grundsätzlich nicht dem Rundfunkrat angehören dürfen[234], keinerlei Beschränkungen. Parlamente und Regierungen sind damit nicht gehindert, Persönlichkeiten zu Mitgliedern zu bestellen, die ihnen angehören oder in ihren Diensten stehen.

Die mehr oder weniger deutliche Bevorzugung staatlicher Kräfte bei der Besetzung der meisten Verwaltungsräte zeigt das Bestreben der Gesetzgeber, den begrenzten Staatseinfluß in den Rundfunkräten durch verstärkte staatliche Vertretungen in den Verwaltungsräten wettzumachen und so die Gesamtposition des Staates innerhalb der Anstalten zu verbessern. Dies gilt insbesondere für die frühen Anstaltsgründungen. Bei ihnen hatten die Alliierten gegen die Ordnungsvorstellungen der deutschen Seite eine eindeutig pluralistische Gliederung der Rundfunkräte durchgesetzt. Wollten die Gesetzgeber gleichwohl eine stärkere Berücksichtigung staatlicher Kräfte erreichen, so mußten sie auf den Verwaltungsrat ausweichen, der weit weniger als der Rundfunkrat im Blickfeld des alliierten Interesses stand[235]. Ähnliche Erwägungen scheinen bei der Errichtung des Zweiten Deutschen Fernsehens eine Rolle gespielt zu haben. Auch bei dieser Anstalt waren die Gesetzgeber nach den Ordnungsgeboten des BVerfG verpflichtet, für eine pluralistische Gliederung des Fernsehrats zu sorgen, sahen aber davon ab, diese Grundsätze in gleichem Maße auch auf den Verwaltungsrat anzuwenden. Die Begründung, der Verwaltungsrat habe in erster Linie Verwaltungsentscheidungen zu treffen und müsse deshalb zu einem wesentlichen Teil aus Persönlichkeiten mit Verwaltungserfahrung bestehen[236], dürfte jedenfalls kaum den Kern der Dinge treffen.

Vom allgemeinen Trend zur Verstärkung des Staatseinflusses sind lediglich die Verwaltungsräte des *Hessischen* und des *Saarländischen Rundfunks* ausgenommen. Beim Verwaltungsrat des Hessischen Rundfunks kommen zu den vier vom Rundfunkrat gewählten Mitgliedern drei Persönlichkeiten hinzu, die bereits durch ihre Amtsstellung als unabhängige Fachleute ausgewiesen sind. Sie sollen durch ihr finan-

---

[233] Dabei sollen die vier stärksten Fraktionen berücksichtigt werden (§ 7 I 2 SDR-S).
[234] Vgl. Anm. 177.
[235] Beim SDR wurde die nachträgliche Erhöhung der vom Landtag entsandten Mitglieder mit der „starken politischen Verantwortung" des Parlaments für die Anstalt begründet (Ständiger Aussch., wbLT-Prot. II/S. 1349). Ähnlich Amtl. Begr. ZustG SWF-V, whzLT-Beilage II/Nr. 723 S. 798.
[236] Mündl. Begr. ZustG ZDF-V, bwLT-Prot. III/S. 2011.

zielles, rechtliches und technisches Fachwissen die sachliche Arbeit des Verwaltungsrats fördern und damit zugleich die Vorbedingungen für eine unparteiliche Amtsführung verbessern[237]. Auch beim Verwaltungsrat des Saarländischen Rundfunks, in den nur ein Mitglied von der Regierung entsandt wird, ging das Interesse des Gesetzgebers lediglich dahin, der Exekutive eine feste Vertretung zu sichern, ohne ihr damit einen größeren Einfluß als im Rundfunkrat geben zu wollen[238].

2. Der politisch gegliederte Verwaltungsrat

In allen Anstalten, die über einen politisch gegliederten Rundfunkrat verfügen, wird der Verwaltungsrat ausschließlich von diesem Organ gebildet[239]. Abgesehen davon, daß der Rundfunkrat die Ratsmitglieder nicht den eigenen Reihen entnehmen darf, unterliegt er bei der Auswahl nur beim Norddeutschen Rundfunk einer weiteren Beschränkung. Höchstens vier der acht Verwaltungsratsmitglieder dürfen einer gesetzgebenden Körperschaft des Landes oder des Bundes angehören[240]. Diese Sperrklausel soll ebenso wie beim Rundfunkrat eine Parlamentarisierung des Verwaltungsrats verhindern. Sie steht aber nicht seiner Politisierung entgegen. Hat der Rundfunkrat bei der Besetzung des Verwaltungsrats im übrigen weitgehend freie Hand[241], so kann davon ausgegangen werden, daß die in ihm vertretenen politischen Kräfte auch eine Zusammensetzung des Verwaltungsrats erreichen werden, die in einem engeren Rahmen seiner eigenen Gliederung entspricht. Das gleiche gilt in noch höherem Maße für die Verwaltungsräte des Westdeutschen Rundfunks und der Bundesrundfunkanstalten, für die entsprechende Sperrklauseln fehlen. Er erscheint deshalb gerechtfertigt, sie dem Typ des *politisch gegliederten* Verwaltungsrats zuzuordnen.

II. Rechtsstellung der Mitglieder des Verwaltungsrats

1. Aufgaben der Mitglieder und ihr Verhältnis zu den auswahlberechtigten Stellen

Die Rechtsstellung der Mitglieder des Verwaltungsrats wird von den Aufgaben dieses Organs bestimmt. Der Verwaltungsrat hat, wie bereits in seiner Bezeichnung zum Ausdruck kommt, keine Repräsentations-

---

[237] Besonderer Aussch., hessLT-Prot. I/478 zu § 13.
[238] So zutreffend auch *Thürk* DÖV 1966 S. 815.
[239] § 12 I 1 NDR-V, § 9 I WDR-G, §§ 4 I 2, 8 I 2 DLF/DW-G.
[240] § 12 I 2 NDR-V.
[241] Zu dem Problem, ob seine von den Gesetzgebern gewollte Handlungsfreiheit durch die Ordnungsgebote des BVerfG eingeschränkt worden ist, vgl. unter A I 2 a dieses Kapitels.

B. Verwaltungsrat

funktionen, sondern übt eine rein verwaltende Tätigkeit aus[242]. Seine Mitglieder werden nach pflichtgemäßem Ermessen tätig, wobei Richtschnur ihres Handelns die Belange der Anstalt sind[243]. Damit nehmen auch sie in einem engeren Sinne die Interessen der Allgemeinheit wahr, ohne allerdings eine Repräsentantenstellung zu erlangen.

Um sich ganz für die Anstaltsinteressen einsetzen zu können, genießen die Mitglieder des Verwaltungsrats in aller Regel sachliche Unabhängigkeit[244]. Eine generelle Ausnahme gilt lediglich für die Ratsmitglieder des Süddeutschen Rundfunks. Für sie ist die Freiheit von Weisungen nicht ausdrücklich gewährleistet. Sie ergibt sich auch nicht aus anderen Regelungen des Rundfunkgesetzes. Entsprechend den für den Rundfunkrat entwickelten Grundsätzen[245] muß deshalb von ihrer Weisungsgebundenheit ausgegangen werden[246].

Neben der sachlichen ist auch die persönliche Unabhängigkeit der Ratsmitglieder weitgehend gewährleistet. Die vom Rundfunkrat gewählten Mitglieder können von diesem nur unter erschwerten Voraussetzungen abberufen werden. Erforderlich ist zumeist, daß ein wichtiger Grund vorliegt und der Abberufungsbeschluß mit qualifizierter Mehrheit gefaßt wird[247]. Der wichtige Grund wird bei einigen Anstalten ein-

---

[242] So z. B. ausdrücklich Besonderer Aussch., hessLT-Prot. I/478 zu § 13.

[243] Vgl. etwa Art. 10 I 2 BR-G, § 13 Satz 1 HR-G, § 12 II NDR-V u. § 9 RB-G.

[244] Arg. Art. 10 I 2 BR-G, § 13 Satz 2 HR-G, § 12 II 2 NDR-V, § 9 III RB-G, § 22 VI SR-G, § 6 I 2 SFB-S, § 12 V WDR-G, § 17 V ZDF-V, § 12 IV DLF/DW-G. Das gleiche dürfte auch für die Ratsmitglieder des SWF angenommen werden können, obwohl eine Art. 8 II SWF-S entsprechende Regelung für den Verwaltungsrat fehlt. Aus Art. 22 II SWF-S ergibt sich, daß die vom Rundfunkrat gewählten Mitglieder nur unter besonderen Voraussetzungen abberufen werden können. Einer derartigen Beschränkung des Rückrufrechts hätte es nicht bedurft, wenn nicht die Gesetzgeber die sachliche Unabhängigkeit dieser Ratsmitglieder als selbstverständlich vorausgesetzt hätten. Ob dagegen auch die Weisungsfreiheit der Regierungsvertreter gewährleistet werden sollte, begegnet den gleichen Bedenken wie beim Rundfunkrat (vgl. hierzu unter A II 1 c dieses Kapitels).

[245] Vgl. unter A II 1 d dieses Kapitels.

[246] Dieses Ergebnis wird durch die bei *Reichert*, Rundfunkautonomie, S. 46 f. wiedergegebene Entscheidung des Geschäftsordnungsausschusses des Rundfunkrats des SDR bestätigt. Danach hat der Ausschuß einen Vorschlag des Intendanten verworfen, die Mitglieder des Verwaltungsrats ebenso wie bei den übrigen Rundfunkanstalten weisungsfrei zu stellen.

[247] Art. 8 III 2 BR-G, § 12 II HR-G, § 13 II, III NDR-V, § 22 IV SR-G, § 13 II, III WDR-G. Nach § 9 II RB-G genügt für die Abberufung ein mit qualifizierter Mehrheit gefaßter Beschluß; das gleiche gilt nach Art. 22 II SWF-S, allerdings ist zusätzlich die Zustimmung des Verwaltungsrats erforderlich. — Abweichend davon können beim SFB und ZDF die gewählten Mitglieder vom Rundfunkrat ohne jede Beschränkung abberufen werden (§ 9 I 4 SFB-S, § 17 III 2 ZDF-V). Daß § 17 III 2 ZDF-V auch für die gewählten Mitglieder gilt, wird durch § 12 III c ZDF-S klargestellt.

engend dahin umschrieben, daß das Verbleiben im Amt eine ernste Schädigung des Anstaltsinteresses oder des Ansehens des Verwaltungsrats darstellen muß[248]. Eine derart begrenzte Abberufbarkeit durch ein Organ, das seiner Struktur nach als „neutrale" Stelle angesehen werden kann, bedeutet für die sachliche Unabhängigkeit der gewählten Mitglieder keine Gefahr. Sie dient vielmehr dem übergeordneten Interesse der Allgemeinheit, ein unwürdiges Mitglied aus dem Amt entfernen zu können.

Von den übrigen Ratsmitgliedern können die Mitglieder kraft Amtes bereits aus der besonderen Natur ihrer Mitgliedschaft nicht von einem Anstaltsorgan vorzeitig abberufen werden. Dagegen sind die von den Regierungen entsandten Mitglieder jederzeit ersetzbar[249]. Für diese unbeschränkte Abberufbarkeit durch den Entsendungsberechtigten gelten die allgemeinen Erwägungen, die auch beim Rundfunkrat zur Einführung des mit einem Rückrufrecht gekoppelten freien Mandats geführt haben[250]. Den Regierungen wird auf diese Weise ein weitgehender Einfluß auf die Amtsführung ihrer Vertreter im Verwaltungsrat eingeräumt, ohne jedoch ein völliges Abhängigkeitsverhältnis herzustellen.

2. Erwerb der Mitgliedschaft

Der Erwerb der Mitgliedschaft ist ebenso wie beim Rundfunkrat davon abhängig, daß das vorgesehene Mitglied eine Reihe persönlicher Voraussetzungen erfüllt. Da auch die Mitgliedschaft im Verwaltungsrat ein öffentliches Ehrenamt ist[251], darf kein Mitglied die bürgerlichen Ehrenrechte oder die Fähigkeit zur Bekleidung öffentlicher Ämter verloren haben. Es muß weiterhin in der Lage sein, das ihm anvertraute Amt sachgerecht wahrzunehmen. Wegen der besonderen Aufgaben, die der Verwaltungsrat vor allem auf wirtschaftlichem, technischem und organisatorischem Gebiet hat, kommen nur solche Persönlichkeiten für die Mitgliedschaft in Betracht, die einschlägige Kenntnisse und Erfahrungen aufzuweisen haben[252].

---

[248] § 13 II 1 NDR-V, § 17 V SR-G, § 13 II 1 WDR-G. Die Abberufung erfolgt in diesen Fällen auf Antrag des Verwaltungsrats oder aus eigener Entscheidung des Rundfunkrats aufgrund eines vom Verwaltungsrats angeforderten Berichts.
[249] § 22 I 2 SR-G, § 13 SWF-V, § 17 III 2 ZDF-V.
[250] Vgl. hierzu unter A II 1 c dieses Kapitels.
[251] Art. 11 II BR-G, arg. § 19 HR-S, arg. § 12 III NDR-V, § 12 III RB-G, § 22 I 4 SR-G, § 14 I SFB-S, Art. 48 I SWF-S, arg. § 12 VII WDR-G, arg. § 23 I ZDF-S, arg. § 20 DLF/DW-G.
[252] So ausdrücklich § 7 I 6 SDR-S. Allerdings ist diese Voraussetzung ebenso wie beim Rundfunkrat weder überprüfbar noch sanktioniert.

Neben diesen allgemeinen Voraussetzungen, die für jedes Mitglied erfüllt sein müssen, werden für eine Reihe von Anstalten zusätzliche Anforderungen gestellt. Sie entsprechen im wesentlichen den Erfordernissen, die für die Mitgliedschaft im Rundfunkrat vorgesehen sind[253].

Für die Bestellung der Ratsmitglieder gelten keine Besonderheiten. Insoweit kann auf die für den Rundfunkrat entwickelten Grundsätze verwiesen werden[254].

3. Beginn und Dauer der Mitgliedschaft

Die Amtszeiten der Mitglieder des Verwaltungsrats sind nicht nur von Anstalt zu Anstalt verschieden, sondern weisen auch für die einzelnen Arten der Mitgliedschaft Unterschiede auf. Die vom Rundfunkrat gewählten Mitglieder werden für eine Amtsperiode bestellt, die zwischen zwei und sieben Jahren liegt[255]. Sie deckt sich nicht immer mit der des Rundfunkrats. Mitglieder kraft Amtes gehören dem Verwaltungsrat für die Dauer ihres Amtes an, während die Mitgliedschaft von Regierungsvertretern bei einigen Anstalten bis zu ihrer Abberufung dauert[256].

Der Amtsbeginn ist bei der Mehrzahl der Anstalten für alle Mitglieder gleich. Bei einer Reihe von Anstalten ist aber auch ein gestaffelter Beginn vorgesehen, um eine allmähliche Erneuerung des Verwaltungsrats zu erreichen[257]. Der genaue Zeitpunkt des Amtsbeginns für das einzelne Mitglied ist der jeweils erste Zusammentritt des Rats.

Die Amtszeit endet im Regelfall mit dem Ablauf der Amtsperiode. Sie kann unter den gleichen Umständen wie beim Rundfunkrat vorzeitig erlöschen[258] oder, wie bereits im Zusammenhang mit der persönlichen Unabhängigkeit der Ratsmitglieder erörtert[259], durch Abberufung beendet werden. Eine wiederholte Mitgliedschaft ist auch

---

[253] Art. 8 III 1 BR-G, § 13 I d NDR-V, § 22 III SR-G, § 6 IV SFB-S, § 13 I d WDR-G, § 12 III e ZDF-S.
[254] Vgl. unter A II 2 b dieses Kapitels.
[255] Art. 8 II 1 BR-G (4), § 12 I 1 HR-G (4), § 12 I 1 NDR-V (5), § 9 I RB-G (2), § 22 I 3 SR-G (3), § 6 II 1 SFB-S (2), § 7 I 1 SDR-S (4), § 12 II 1 SWF-V (3), § 12 I WDR-G (7), § 17 III 1 ZDF-V (5), §§ 4 I 2, 8 I 2 DLF/DW-G (4).
[256] § 22 I 2 SR-G, § 13 SWF-V.
[257] Art. 8 II 1 BR-G, § 12 I 1 HR-G, § 22 II 1 SR-G, § 12 II 1 SWF-V, § 12 II 1 WDR-G.
[258] Vgl. unter A II 6 dieses Kapitels.
[259] Vgl. unter B II 1 dieses Kapitels.

für den Verwaltungsrat bei einer Reihe von Anstalten ausdrücklich zugelassen[260].

4. Rechte und Pflichten der Mitglieder

Die Mitglieder des Verwaltungsrats haben sich nach pflichtgemäßem Ermessen und besten Kräften für die Anstaltsinteressen einzusetzen. Soweit sie unabhängig sind, unterliegen sie keinerlei Aufträgen oder Weisungen des Rundfunkrats oder einer anderen Stelle. Über ihre Tätigkeit haben sie Amtsverschwiegenheit zu wahren, wenn sie hierzu bei ihrem Amtsantritt verpflichtet worden sind[261].

Auch für die Verwaltungsratsmitglieder bestehen anstaltliche, wirtschaftliche und politische Inkompatibilitäten, die denen für die Mitgliedschaft im Rundfunkrat im wesentlichen entsprechen[262].

Sie haben schließlich ebenso wie die Mitglieder des Rundfunkrats einen Anspruch auf Ersatz der notwendigen Auslagen sowie auf eine Aufwandsentschädigung[263].

5. Vertretung in der Mitgliedschaft

Die Möglichkeit, daß sich ein Mitglied bei der Ausübung seiner Amtsgeschäfte vertreten lassen kann, ist grundsätzlich nicht vorgesehen. Dies gilt auch für solche Anstalten, bei denen die Vertretung von Mitgliedern des Rundfunkrats zugelassen ist. Eine ausdrückliche Ausnahme besteht lediglich für die Mitglieder kraft Amtes beim Hessischen Rundfunk[264]. Sie können zu ihrer Entlastung Beauftragte benennen, die nach ihren Weisungen tätig werden. Ebenso dürfen auch die Vertreter der Landesregierungen im Verwaltungsrat des Südwestfunks jederzeit vertreten werden[265].

---

[260] Art. 8 II 2 BR-G, § 12 I 2 HR-G, § 9 I 2 RB-G, § 12 II 2 SWF-V, § 12 II 3 WDR-G.

[261] § 19 DLF/DW-G fordert diese Verpflichtung.

[262] Art. 8 I 3, 4 BR-G, § 11 I Nr. 4 HR-G, § 7 II—IV NDR-V, § 9 I 1 RB-G, § 14 SR-G, § 6 I 2 SFB-S, § 7 I 4 SDR-S, § 12 III SWF-V, § 7 II—IV WDR-G, § 17 I b, II ZDF-V u. unter A II 4 b dieses Kapitels.

[263] Art. 11 II BR-G, § 19 I, II HR-G, § 12 III NDR-V, § 12 III RB-G, § 23 SR-G, § 14 II SFB-G, Art. 48 SWF-S, § 18 WDR-S, § 23 I ZDF-S, § 20 DLF/DW-G i. V. m. § 21 DLF-S u. Art. 10 DW-S; Ausnahme: § 19 III HR-G.

[264] § 11 II HR-G.

[265] § 13 SWF-V.

C. Der Intendant

I. Monokratischer Aufbau der Anstaltsleitung

Der Intendant ist bei allen Anstalten das einzige monokratische Anstaltsorgan. Für diese Gestaltung war die Erwägung maßgebend, daß die Leitung der Anstalt in eine Hand gehöre, wenn alle Bereiche der Rundfunktätigkeit sinnvoll aufeinander abgestimmt werden sollen[266].

Eine scheinbare Ausnahme bildet der Süddeutsche Rundfunk. Er verfügt mit dem Intendanten und der Geschäftsleitung über eine mehrgliedrige Anstaltsleitung[267]. Der Intendant ist für die Programmgestaltung und die Gesamthaltung der Anstalt verantwortlich[268], während sich die Geschäftsleitung mit der Wirtschaftsführung befaßt[269]. Sie besteht aus dem Intendanten und den Geschäftsführern, die der Intendant im Einvernehmen mit dem Verwaltungsrat bestellt[270]. Trotz dieser kollegialen Gliederung liegt auch die Verantwortung für die Wirtschaftsführung letzten Endes allein beim Intendanten. Er hat sich zwar in allen inneren Angelegenheiten mit den Geschäftsführern „auszusprechen"[271], entscheidet aber alle Fragen abschließend, über die in der Geschäftsleitung Meinungsverschiedenheiten bestehen[272]. Damit ist sichergestellt, daß sich seine Auffassung unter allen Umständen durchsetzt. Für eine echte kollegiale Meinungsbildung, die auf dem

---

[266] Über die Erfahrungen, die beim SFB zur Abschaffung eines kollegialen Exekutivorgans zugunsten des alleinverantwortlichen Intendanten geführt haben, heißt es in der Mündl. Begr. SFB-G 1956 (LT-Prot. II/S. 632): „Für die Leitung des Senders hat uns die Erfahrung dieser zweieinhalb bis drei Jahre davon überzeugt, daß es ein Irrtum war, im bisherigen Gesetz eine dreiköpfige Geschäftsführung in kollegialer Nebeneinanderordnung der Personen des Intendanten, des kaufmännisch-administrativen und des technischen Direktors einzusetzen. Diese Regelung erzeugte unklare und unentwickelte Verantwortungen mit allerlei Lücken und zum Teil auch andererseits mit gelegentlicher Übertreibung der Arbeit, wenn sich alle drei auf demselben Gebiet zuständig fühlten. Wir wollen statt dessen eine klare Ordnung und möchten deshalb — auch nach dem Vorbild anderer Sender — einen Intendanten haben, der von der Idee des Programms aus die anderen Teile, die technischen sowohl wie die wirtschaftlichen und administrativen Grundlagen dieser Leistung übersieht, sich die Mitarbeiter dafür sucht und beruft und nur bei wichtigsten Mitarbeitern die Zustimmung des Überwachungsorgans... einzuholen hat." Vgl. hierzu auch Mündl. Begr. ZustG ZDF-V, bwLT-Prot. III/S. 2011.
[267] § 3 I Nr. 3 SDR-S.
[268] § 8 IV, V SDR-S.
[269] § 8 IX 1 SDR-S.
[270] §§ 3 II, 8 VII SDR-S.
[271] § 8 VIII SDR-S.
[272] § 8 IX 2 SDR-S.

Mehrheitsprinzip beruht, ist bei dieser Gestaltung des Verhältnisses zwischen Intendant und Geschäftsführern kein Raum[273].

II. Rechtsstellung des Intendanten

Der Intendant steht sowohl in einem organschaftlichen als auch in einem dienstrechtlichen Verhältnis zur Anstalt. Diese Besonderheit hebt ihn von den Mitgliedern der kollegialen Anstaltsorgane ab und gibt seiner Rechtsstellung eine eigene Prägung.

1. Amtserwerb

a) Persönliche Voraussetzungen

Die persönlichen Voraussetzungen für die Bestellung zum Intendanten sind lediglich für den Saarländischen Rundfunk, das Zweite Deutsche Fernsehen und die Bundesrundfunkanstalten im einzelnen geregelt. Intendant kann danach nur werden, wer unbeschränkt geschäftsfähig ist, unbeschränkt strafrechtlich verfolgt werden kann, die bürgerlichen Ehrenrechte sowie die Fähigkeit zum Bekleiden öffentlicher Ämter besitzt, Grundrechte nicht verwirkt hat und/oder seinen ständigen Wohnsitz im Sendebereich der Anstalt hat[274].

Für alle übrigen Anstalten fehlen entsprechende Regelungen. Sie ergeben sich auch nicht aus den neueren Landespressegesetzen. Soweit deren Bestimmungen auf den Rundfunk Anwendung finden, ist ihnen für die Rechtsstellung des Intendanten, die der des Verlegers entspricht[275], nichts zu entnehmen. Damit sind bei diesen Anstalten nur die allgemeinen Anforderungen zu beachten, die an jeden Träger eines öffentlichen Amtes gestellt werden (§§ 32—35 StGB). Zu diesen Amtsträgern gehört auch der Intendant als Organ einer juristischen Person des öffentlichen Rechts[276].

Mit Rücksicht auf § 165 BGB ist nicht zwingend erforderlich, daß der Intendant als gesetzlicher Vertreter der Anstalt voll geschäftsfähig ist. Allerdings dürfte es sich bei seiner schwierigen und verantwor-

---

[273] Ebenso *Reichert*, Rundfunkautonomie, S. 51. Auch der Bericht d. Ständigen Aussch., wbLT-Prot. I/S. 2871 f, läßt klar erkennen, daß von einer echten kollegialen Anstaltsleitung wegen der Einwände der Militärregierung abgesehen worden ist. Trotz gegenteiliger Äußerungen in den parlamentarischen Beratungen (wbLT-Prot. I/S. 4893) ist sie auch durch das ÄnderungsG 1950 nicht geschaffen worden, da § 8 IX 2 SDR-S erhalten blieb.
[274] § 25 III SR-G, § 7 V ZDF-V, § 28 V DLF/DW-G.
[275] So ausdrücklich § 25 III 2 bremPresseG v. 16. 3. 1965 (GVBl. S. 63).
[276] Hierzu allgemein *Pfennig*, Öffentlicher Dienst, S. 40.

tungsvollen Tätigkeit von selbst verbieten, einen beschränkt Geschäftsfähigen zum Intendanten zu bestellen[277].

b) Bestellung

Die Rechtsstellung des Intendanten wird bei allen Anstalten mit Ausnahme der Bundesrundfunkanstalten in einem zweistufigen Verfahren begründet.

Der Intendant wird zunächst von den zuständigen Anstaltsorganen gewählt. Wahlberechtigt ist in der Regel der Rundfunkrat[278]. Beim Südwestfunk bilden Rundfunkrat und Verwaltungsrat gemeinsam das Wahlgremium; beim Norddeutschen und beim Westdeutschen Rundfunk wählt der Verwaltungsrat allein, seine Entschließung bedarf aber der Bestätigung durch den Rundfunkrat[279]. Für die Wahl wird bei einer Reihe von Anstalten eine qualifizierte Mehrheit gefordert[280]. Nimmt der Gewählte die Wahl an, so schließt die Anstalt mit ihm einen Anstellungsvertrag ab. Sie wird dabei vom Verwaltungsrat vertreten[281]. Der Vertrag ist privatrechtlicher Natur. Er ist, da der Intendant Dienste höherer Art leistet, kein Arbeits-, sondern ein Dienstvertrag, der sich nach den Vorschriften des bürgerlichen Rechts richtet[282]. Der Bundes-Angestelltentarif findet keine Anwendung.

Mit welcher dieser beiden Rechtshandlungen die Organstellung des Intendanten begründet wird, ist unterschiedlich geregelt. Beim Saarländischen Rundfunk, Südwestfunk und beim Zweiten Deutschen Fernsehen ist dies nicht schon mit der Wahl, sondern erst mit dem Ab-

---

[277] Im gesellschaftsrechtlichen Schrifttum wird deshalb überwiegend die Auffassung vertreten, daß die gesetzlichen Vertreter juristischer Personen des Handelsrechts wegen der Bedeutung ihrer Rechtsstellung ungeachtet der Regelung des § 165 BGB unbeschränkt geschäftsfähig sein müssen (vgl. z. B. *Schmidt*, Großkomm. AktG 1937, zu § 75 Anm. 5 mit weiteren Nachweisen).
[278] Art. 7 III Nr. 1 BR-G, § 9 Nr. 1 HR-G, § 6 Nr. 1 RB-G, § 15 III Nr. 2 SR-G, § 7 I a SFB-S, § 5 a SDR-S (nach Anhörung des Verwaltungsrats), § 19 I 1 ZDF-V.
[279] § 15 Satz 1 SWF-V, § 18 I 1 NDR-V, § 14 I WDR-G.
[280] § 14 I 2 NDR-V, § 25 II 1 SR-G, § 15 Satz 1 SWF-V, § 19 I 2 ZDF-V. Das Erfordernis einer qualifizierten Mehrheit wird allerdings praktisch wieder aufgegeben, wenn nach mehreren erfolglosen Wahlgängen die Mehrheit der abgegebenen Stimmen genügt (§ 25 II 2—4 SR-G, Art. 24 I 2—4 SWF-V).
[281] Art. 10 II Nr. 1 BR-G, § 15 I Nr. 1 HR-G, § 10 Nr. 1 RB-G, § 21 Nr. 1 SR-G, § 7 III SDR-S, § 15 Satz 1 SWF-V, § 16 I 1 ZDF-V. Für den NDR und WDR ergibt sich die Zuständigkeit des Verwaltungsrats bereits daraus, daß er den Intendanten wählt. Beim SFB ist dagegen der Rundfunkrat als Wahlgremium mangels einer ausdrücklichen Ermächtigung des Verwaltungsrats zuständig.
[282] So z. B. ausdrücklich § 18 III NDR-V, Art. 34 I, V NDR-S.

schluß des Anstellungsvertrages der Fall[283]. Die Wahl hat damit lediglich anstaltsinterne Bedeutung. Sie begründet deshalb auch keinen Anspruch des Gewählten, durch Abschluß des Anstellungsvertrages zum Intendanten bestellt zu werden[284].

Bei den übrigen Anstalten wird der Intendant bereits durch die Wahl zum Organ bestellt. Vereinzelt kommt dies bereits in der Formulierung zum Ausdruck, daß der Rundfunkrat den Intendanten „ernennt", „beruft" oder „bestellt"[285]. Daraus wird deutlich, daß es jedenfalls für die Organstellung nicht auf den Abschluß des Anstellungsvertrages ankommt. Das gleiche ergibt sich auch aus der Gesetzessystematik. Die Rundfunkordnungen unterscheiden zwischen der Bestellung (Wahl) und der Anstellung (Abschluß des Dienstvertrages). Wird dabei der Erwerb der Organstellung nicht ausdrücklich von der Begründung des Anstellungsverhältnisses abhängig gemacht, so muß davon ausgegangen werden, daß es sich um getrennte Rechtsakte handelt. Das organschaftliche Verhältnis entsteht mit dem einseitigen Akt der Wahl und deren Annahme durch den Gewählten, die dienstrechtlichen Beziehungen werden durch den Abschluß des Anstellungsvertrages begründet[286]. Diese Auslegung wird auch der Bedeutung der beiden Rechtshandlungen gerecht. Die Wahl bildet den Kern des Berufungsverfahrens. Mit ihr entscheidet die Anstalt durch ihre verfassungsmäßigen Organe über die Person des Intendanten. Wird das Ergebnis der Wahl dem Gewählten bekanntgegeben, so ist es gerechtfertigt, mit der Annahme der Wahl die Organstellung entstehen zulassen[287]. Welche Rechte und Pflichten der Intendant als Organ hat, ist bereits durch Gesetz, Staatsvertrag und Satzung im wesentlichen geregelt. Auf den Inhalt des Anstellungsvertrages kommt es damit für das organschaftliche Verhältnis zwischen Anstalt und Intendant nicht entscheidend an. Er stellt sich vielmehr als ein Folgeakt dar, der die beiderseitigen Rechtsbeziehungen vervollständigt, ohne ihnen ihren eigentlichen Gehalt zu geben. Erlangt der Intendant bereits mit der Wahl eine eigene Rechtsstellung, so ist die Anstalt zur Eingehung des Anstellungsvertrages verpflichtet. Dieser Verpflichtung entspricht ein

---

[283] § 25 IV 2 SR-G, Art. 24 II 2 SWF-S, § 18 I 3 ZDF-S. Zum Verfahren für den Fall, daß der Vertragsschluß auf Schwierigkeiten stößt, vgl. Art. 24 III, IV SWF-S u. § 18 I 4 ZDF-S.

[284] § 25 IV 1 SR-G, Art. 24 II 3 SWF-S.

[285] § 9 Nr. 1 HR-G, § 10 I 1 SFB-S, § 5 a SDR-S.

[286] Die gleiche klare Trennung zwischen Bestellung und Anstellung ergibt sich z. B. aus § 84 I AktG für die Vorstandsmitglieder der AG (zur Rechtsprechung und Literatur im einzelnen *Schmidt*, Großkomm. AktG 1937, zu § 75 Anm. 1).

[287] Ebenso *Meyer*, Gemeindliche Wahlbeamte, S. 102 für die berufsmäßigen Bürgermeister in Bayern, für die eine vergleichbare Problematik besteht.

Anspruch des Intendanten auf Anstellung zu angemessenen Bedingungen[288].

Abweichend von allen übrigen Anstalten ist für die Intendanten der Bundesrundfunkanstalten ein dreistufiges Berufungsverfahren vorgesehen. Der Intendant wird vom Rundfunkrat auf Vorschlag des Verwaltungsrats mit qualifizierter Mehrheit gewählt, vom Verwaltungsrat durch Abschluß eines Dienstvertrages angestellt und vom Bundespräsidenten auf Vorschlag des Rundfunkrats ernannt[289]. Die Ernennung durch den Bundespräsidenten soll der verantwortungsvollen Stellung des Intendanten ein höheres Ansehen geben[290]. Mit ihr tritt der Intendant in seine Amtsstellung ein. Der Abschluß des Anstellungsvertrages vermittelt ihm diese Rechtsstellung noch nicht, da der Vertrag vorbehaltlich der Ernennung eingegangen wird[291]. Das gleiche gilt für die Wahl zum Intendanten. Sie begründet im übrigen auch mit Rücksicht darauf, daß der Rundfunkrat dem Bundespräsidenten gegenüber lediglich ein Vorschlagsrecht hat, keinen Anspruch des Gewählten auf Ernennung zum Intendanten.

2. Beginn und regelmäßige Dauer des Amtes

Der Intendant wird für eine Amtszeit bestellt, die bei den einzelnen Anstalten zwischen drei und neun Jahren liegt[292].

Die Amtszeit beginnt bei den Anstalten, deren Intendant unmittelbar vom wählenden Organ bestellt wird, mit der Annahme der Wahl oder dem vom Wahlgremium bestimmten Zeitpunkt. Soweit der Intendant seine Amtsstellung erst mit Abschluß des Anstellungsvertrages erlangt, ist der Vertragsschluß oder der im Vertrag genannte Zeitpunkt maßgebend. Die Amtszeit endet im Regelfall mit dem Ablauf der vorgesehenen Amtsperiode.

---

[288] So auch *Meyer* S. 103 für die bayerischen Bürgermeister. Er bejaht im übrigen mit der überwiegenden Meinung in Rechtsprechung und Schrifttum auch für alle sonstigen gemeindlichen Wahlbeamten einen Anspruch auf Ernennung, der mit der Wahl entsteht (S. 110—123). Vgl. hierzu auch § 2 I 4 berlRichterG v. 18.1.1963 (GVBl. S. 93) i. d. F. v. 21.12.1965 (GVBl. S. 1979): „Hat der Richterwahlausschuß einem Berufungsverfahren zugestimmt, so *ist* der Vorgeschlagene zum Richter auf Lebenszeit zu ernennen."
[289] §§ 9 I, 11 I, 13 I 1 DLF/DW-G.
[290] Ber. d. Aussch. f. Kulturpolitik u. Publizistik, BT-Drucks. III/1956 zu §§ 26, 28, 30 d. Entw.
[291] § 14 II DLF-S.
[292] Art. 12 I 1 BR-G (4), § 16 I 1 HR-G (5—9), § 18 I 1 NDR-V (6), § 13 I 1 RB-G (3), § 25 I SR-G (5), § 10 I 1 SFB-S (höchstens 5), § 8 I 1 SDR-S (höchstens 4), § 15 Satz 1 SWF-V (4), § 19 I 1 WDR-G (5), § 19 I 1 ZDF-V (5), § 13 I 1 DLF/DW-G (6).

Bei nahezu allen Anstalten ist die erneute Bestellung zum Intendanten ausdrücklich zugelassen[293].

3. Rechte und Pflichten des Intendanten

a) Grundsätze der Amtsführung

Welche Grundsätze der Intendant bei seiner Amtsführung zu beachten hat, ergibt sich in erster Linie aus Gesetz, Staatsvertrag und Satzung. Daneben ist er aber auch an die Vereinbarungen gebunden, die im Anstellungsvertrag getroffen worden sind[294].

Alle Rundfunkordnungen sehen in grundsätzlicher Hinsicht vor, daß der Intendant die Anstalt in eigener Verantwortung leitet. Allerdings bleiben die Befugnisse der kollegialen Anstaltsorgane unberührt, ihn in besonders geregelten Fällen durch Weisungen zu einem bestimmten Verhalten zu veranlassen. Inhalt und Umfang der Weisungsrechte sind, wie sich bei der Erörterung des Verhältnisses zwischen den Anstaltsorganen ergeben wird[295], unterschiedlich geregelt.

Der Intendant ist ebenso wie die Mitglieder der kollegialen Organe verpflichtet, Amtsverschwiegenheit zu bewahren, wenn er nach § 1 I 1 BestechungsVO auf die gewissenhafte Erfüllung seiner Obliegenheiten verpflichtet[296] oder wenn die Verschwiegenheit vertraglich vereinbart worden ist.

b) Inkompatibilitäten

Welche Ämter und Funktionen der Intendant neben seinem Amt nicht wahrnehmen darf, ist weitgehend der Regelung im Anstellungsvertrag überlassen. Als einzige zwingende Beschränkung sehen die Rundfunkordnungen vor, daß der Intendant wegen des mit der Anstalt eingegangenen Dienstverhältnisses keinem kollegialen Anstaltsorgan angehören darf[297].

c) Vermögensrechtliche Ansprüche

Für die vermögensrechtlichen Ansprüche des Intendanten sind allein die im Anstellungsvertrag getroffenen Vereinbarungen maßgebend.

---

[293] Art. 12 I 3 BR-G, § 16 I 2 HR-G, § 18 I 3, 4 NDR-V (Verlängerung bis zu 10 Jahren möglich), § 13 I 2 RB-G, § 10 I 1 SFB-S, § 8 I 2 SDR-S, § 15 Satz 2 SWF-V, § 19 I 2 WDR-G, § 19 I 3 ZDF-V, § 13 I 2 DLF/DW-G.
[294] So z. B. ausdrücklich § 25 IV 2 SR-G.
[295] Vgl. hierzu das 3. Kapitel.
[296] Wegen der Einzelheiten vgl. unter A II 4 a dieses Kapitels.
[297] Vgl. Anm. 179 u. 262.

C. Intendant

Der Bundes-Angestelltentarif findet, wie bereits erwähnt, keine Anwendung, da mit dem Intendanten ein Sondervertrag abgeschlossen wird.

4. Vertretung im Amt

Für die Mehrzahl der Anstalten ist ausdrücklich vorgesehen, daß der Intendant vertreten werden kann[298]. Diese Regelung soll die Anstaltsleitung jederzeit funktionsfähig erhalten. Der Intendant bestimmt grundsätzlich seinen Vertreter selbst, bedarf aber zumeist der Zustimmung des Rundfunkrats oder Verwaltungsrats. Er wird seinen Stellvertreter, auch soweit er nicht ausdrücklich dazu verpflichtet ist[299], dem Kreis der leitenden Angestellten entnehmen. Wann der Vertretungsfall gegeben ist, entscheidet der Intendant, soweit er dazu in der Lage ist. Bei einigen Anstalten ist, wenn seine Verhinderung länger als eine Woche dauert, der Vorsitzende des zuständigen kollegialen Organs zu unterrichten[300]. Für den Deutschlandfunk ist vorgesehen, daß der Rundfunkrat im Falle einer längeren Funktionsunfähigkeit des Intendanten einen ständigen Vertreter bestimmt[301].

Abweichende Regelungen bestehen für den Norddeutschen und den Westdeutschen Rundfunk. Beim Norddeutschen Rundfunk wählt der Verwaltungsrat unter Zustimmung des Rundfunkrats mit dem Intendanten auch dessen Vertreter[302]. Für den Westdeutschen Rundfunk ist bestimmt, daß der Verwaltungsrat einen Vertreter lediglich für den Fall der Abberufung des Intendanten bestellt[303]. Daraus ist zu schließen, daß eine Stellvertretung sonst nicht zugelassen ist.

5. Vorzeitiger Amtsverlust

Das Amt des Intendanten, das im Regelfall mit dem Ablauf der Amtsperiode endet, kann unter besonderen Umständen vorzeitig beendet werden. Es erlischt mit dem Tod des Intendanten oder dem Eintritt eines Ereignisses, das nach dem Anstellungsvertrag als Erlöschensgrund gilt. Hierzu können insbesondere der Wegfall der für den Amtserwerb erforderlichen persönlichen Voraussetzungen oder der Verstoß gegen das Verbot der Ämterhäufung gehören. Der Intendant

---

[298] Art. 7 III Nr. 2 BR-G, § 9 Nr. 1 HR-G, § 15 III Nr. 3 SR-G, Art. 32 I SWF-S, § 20 Satz 1 ZDF-S, § 13 I 3 DLF-S.
[299] Art. 12 IV BR-G, Art. 32 I SWF-S.
[300] Art. 32 III SWF-S, § 20 Satz 2 ZDF-S.
[301] § 13 I 4 DLF-S.
[302] § 18 I 1 NDR-V.
[303] § 25 III WDR-S.

verliert sein Amt ferner, wenn er es freiwillig zur Verfügung stellt und der Anstellungsvertrag in beiderseitigem Einvernehmen aufgelöst wird. Schließlich kann der Amtsverlust durch einseitige Erklärungen der Anstalt oder des Intendanten bewirkt werden.

Bei allen Anstalten kann der Intendant vorzeitig aus seinem Amt abberufen (entlassen) werden[304]. Abberufungsberechtigt sind grundsätzlich die gleichen Organe, die den Intendanten gewählt haben[305]. Bei den Bundesrundfunkanstalten wird die Entlassung vom Bundespräsidenten auf Antrag des Rundfunkrats verfügt[306]. Voraussetzung für die Abberufung ist, daß ein wichtiger Grund vorliegt[307] und der Abberufungsbeschluß mit qualifizierter Mehrheit gefaßt wird[308]. Als wichtiger Grund gilt insbesondere die vorsätzliche oder grobfahrlässige Veranlassung oder Duldung von Sendungen, die die verfassungsmäßige Ordnung oder die in den Rundfunkordnungen festgelegten Programmgrundsätze verletzen[309]. Mit der Abberufung scheidet der Intendant aus seinem Amt aus[310]. Er verliert außerdem seine Ansprüche aus dem Anstellungsvertrag. Diese letztere Rechtsfolge tritt, soweit die Organstellung des Intendanten auf dem Anstellungsvertrag beruht, bereits mit der Zustellung des Abberufungsbeschlusses ein. Der Beschluß hat in diesem Falle die Wirkung einer fristlosen Kündigung[311]. Er bewirkt mit der Auflösung des Vertrages auch die Aufhebung der Organstellung. Dagegen beendet er bei den Anstalten, bei denen der Intendant sein Amt schon mit der Wahl erwirbt, zunächst nur das organschaftliche Verhältnis zur Anstalt. Zur Auflösung der dienstrechtlichen Beziehungen bedarf es darüber hinaus der Kündigung des Anstellungsvertrages aus wichtigem Grund[312]. Sie wird vom Verwaltungs-

---

[304] Art. 7 III Nr. 1, 12 V BR-G, § 16 VI a HR-G, § 18 II NDR-V, §§ 6 Nr. 1, 13 V RB-G, § 26 I 1, IV SR-G, § 10 II 1, 3 SFB-S, §§ 5 a 8, II 1 SDR-S, Art. 25 I a, II SWF-S. §§ 14 II, 19 II 1 WDR-G, § 19 II 1 ZDF-V i. V. m. § 18 II 1 ZDF-S, § 14 I DLF/DW-G. i. V. m. § 14 III DLF-S.

[305] Ausnahmen: § 16 VI a HR-G (Rundfunkrat *und* Verwaltungsrat), § 19 II 1 ZDF-V *(Verwaltungsrat mit Zustimmung des Fernsehrats)*. Besonderheit: Beim HR ist die Abberufung des Intendanten bei Verletzung der Programmgrundsätze auf Antrag von sechs Mitgliedern des Rundfunkrats auch durch ein Schiedsgericht zulässig (§ 16 VI b, VII HR-G).

[306] §§ 9 IV, 14 I DLF/DW-G.

[307] Vgl. Anm. 304; Ausnahme: § 18 II 1 NDR-V (Abberufung auch ohne Vorliegen eines wichtigen Grundes möglich).

[308] Vgl. Anm. 304; Ausnahmen: § 8 II 1 SDR-S, Art. 25 II 2 SWF-S.

[309] Art. 12 V 2 BR-G, § 10 II 2 SFB-S, § 8 II 2 SDR-S, § 19 II 2 WDR-G.

[310] Bei allen süddeutschen Anstalten kann der Intendant gegen die Abberufung ein Schiedsgericht anrufen (Art. 12 VI BR-G, § 16 VIII HR-G, § 8 VI SDR-S).

[311] § 26 II SR-G, Art. 25 II 1 SWF-S; abweichend allerdings § 18 II 1 ZDF-S.

[312] So z. B. ausdrücklich § 10 II 5 SFB-S, § 20 WDR-G, § 14 III DLF-S.

C. Intendant

rat ausgesprochen, der die Anstalt nicht nur beim Abschluß des Anstellungsvertrages, sondern auch bei allen anderen dienstlichen Handlungen gegenüber dem Intendanten vertritt[313]. Ein Sachverhalt, der die Abberufung rechtfertigt, wird immer auch einen wichtigen Grund für die Kündigung des Dienstverhältnisses abgeben.

Neben der Abberufung, die die Amtsenthebung des Intendanten bei groben Pflichtverletzungen ermöglicht, ist bei einer Reihe von Anstalten auch der Verzicht auf die Dienste des Intendanten zulässig[314]. Es bedarf dazu lediglich eines Beschlusses der für die Wahl des Intendanten zuständigen Anstaltsorgane[315], der mit qualifizierter Mehrheit gefaßt werden muß. Zweck dieser Regelung[316] ist, den Intendanten auch ohne pflichtwidriges Verhalten aus dem Amt entfernen zu können, wenn eine weitere Zusammenarbeit mit ihm nicht mehr mit den Interessen der Anstalt zu vereinbaren ist[317]. Mit der Zustellung des Verzichtsbeschlusses — bei den Bundesrundfunkanstalten mit der Zustellung der Entlassungsverfügung des Bundespräsidenten — endet die Organstellung des Intendanten[318]. Seine dienstlichen Beziehungen zur Anstalt bleiben dagegen unberührt. Der Intendant soll mit der Amtsenthebung nicht auch seine vertraglichen Ansprüche gegen die Anstalt einbüßen, weil der Verzicht auf seine Dienste nicht auf eine schuldhafte Pflichtverletzung gestützt wird. Ihm sind deshalb seine vertragsmäßigen Bezüge bis zur Beendigung der vorgesehenen Amtsperiode weiterzuzahlen[319].

Ebenso wie die Anstalt kann auch der Intendant das Amts- und Dienstverhältnis einseitig beenden. Mangels ausdrücklicher Regelungen darf er allerdings sein Amt nicht nach Belieben niederlegen, sondern nur dann, wenn er auch den mit der Anstalt eingegangenen An-

---

[313] Art. 10 II 2 BR-G, § 15 I Nr. 2 HR-G, § 14 II NDR-V, § 21 I Nr. 2 SR-G, § 7 V SDR-S, § 14 III WDR-G, § 16 I 2 ZDF-V, § 11 III DLF/DW-G (bei der Vertragskündigung bedarf der Verwaltungsrat allerdings der Zustimmung des Rundfunkrats, § 14 III DLF-S). Abweichend davon ist beim SFB der Rundfunkrat auch für die Kündigung des Anstellungsvertrages zuständig (§ 10 II 1, 5 SFB-S).
[314] § 16 V 1—3 HR-G, § 26 I b, IV SR-G, Art. 25 I b, III 1, 2 SWF-S, § 19 II ZDF-V, § 14 I DLF/DW-G.
[315] Ausnahmen: § 16 V 2 HR-G (Rundfunkrat *und* Verwaltungsrat), § 19 II 1 ZDF-V (*Verwaltungsrat* mit Zustimmung des Fernsehrats).
[316] Sie wird mit Rücksicht darauf, daß sie zuerst für den HR eingeführt worden ist, allgemein als „Hessenklausel" bezeichnet.
[317] Besonderer Aussch., hessLT-Prot. I/478 zu § 18.
[318] § 16 V 1 HR-G, § 26 III 1 SR-G, § 19 II 3 ZDF-V, § 14 I 2 DLF/DW-G.
[319] § 16 V 4 HR-G, § 26 III 2 SR-G, Art. 25 III 3 SWF-S, § 19 II 3 ZDF-V, § 14 I 2 DLF/DW-G.

stellungsvertrag auflösen kann[320]. Da er höhere Dienste auf bestimmte Zeit leistet, kommt hierfür allein die fristlose Kündigung aus wichtigem Grund in Betracht (§ 626 BGB). Die Kündigung ist an den Verwaltungsrat zu richten[321]. Mit ihrem Zugang enden sowohl das Amts- als auch das Dienstverhältnis.

---

[320] Entsprechende Grundsätze sind im Aktienrecht für die Amtsniederlegung von Vorstandsmitgliedern entwickelt worden (vgl. z. B. *Schmidt*, Großkomm. AktG 1937, zu § 75 Anm. 19).

[321] Vgl. Anm. 313.

Drittes Kapitel

Die Kompetenzen der Anstaltsorgane und ihre Stellung zueinander

I. Die Kompetenzverteilung

Der Verteilung der Kompetenzen liegt bei allen Anstalten ein einheitliches Ordnungsprinzip zugrunde. Es besteht in der klaren Trennung der Exekutivfunktionen von Kreations- und Aufsichtsfunktionen. Exekutivfunktionen hat allein der Intendant. Er leitet die Anstalt und vertritt sie nach außen[322]. Wahl- und Aufsichtsbefugnisse werden ausschließlich vom Rundfunkrat und vom Verwaltungsrat wahrgenommen. Wie diese Befugnisse auf die beiden Kollegialorgane verteilt sind und in welchem Maße sie den Intendanten in seiner Handlungsfreiheit beschränken, ist dagegen unterschiedlich geregelt. Diese Abweichungen sind, wie schon bei der Darstellung der Struktur der Organe festgestellt werden konnte, auf die divergierenden Ordnungsvorstellungen zurückzuführen, die in den verschiedenen Entwicklungsphasen der Rundfunkorganisation bestanden.

1. Anstalten mit pluralistisch gegliederten Kollegialorganen

Für nahezu alle Anstalten mit überwiegend pluralistisch gegliederten Kollegialorganen[323] lassen sich auch bei der Verteilung der Kompetenzen übereinstimmende Organisationsprinzipien feststellen. Sämtliche Kreationsfunktionen und die wichtigsten Aufsichtsbefugnisse sind beim Rundfunkrat konzentriert, während der Verwaltungsrat nur einen beschränkten eigenen Wirkungskreis hat. Die Einflußmöglichkeiten beider Organe auf die Anstaltsleitung sind so begrenzt, daß der Intendant in seiner Amtsführung weitgehend unabhängig ist.

---

[322] Art. 12 II, III 1 BR-G, § 16 II 1, III 1 HR-G, § 17 I, III 1 NDR-V, § 13 III, V 1 RB-G, § 27 I 1, II SR-G, § 11 I 1 SFB-S, § 8 III SDR-S, § 14 I 1, II SWF-V, § 21 I, III WDR-G, § 20 I ZDF-V, § 13 II 1, 3 DLF/DW-G.

[323] Bayerischer Rundfunk, Hessischer Rundfunk, Radio Bremen, Saarländischer Rundfunk, Sender Freies Berlin, Süddeutscher Rundfunk.

a) Rundfunkrat und Verwaltungsrat

(1) Die dominierende Stellung des *Rundfunkrats* wird dadurch begründet, daß er ohne Mitwirkung des Verwaltungsrats über die Wahl und Entlassung des Intendanten zu entscheiden hat[324] und zugleich über die größeren Aufsichtsbefugnisse verfügt.

Beim Bayerischen Rundfunk und beim Saarländischen Rundfunk kontrolliert er die Rechtmäßigkeit der gesamten Anstaltstätigkeit[325]. Dabei hat er insbesondere für die Beachtung der von den Rundfunkgesetzgebern aufgestellten Programmgrundsätze zu sorgen[326]. Der Sender Freies Berlin und der Süddeutsche Rundfunk werden in ihrer „Gesamthaltung" und in der Programmgestaltung überwacht[327]. Darunter ist eine Aufsicht zu verstehen, die sich auf alle grundsätzlichen Fragen des Anstaltsbetriebes, vor allem aber auf die Programmtätigkeit bezieht. Sie kann nur eine Rechtmäßigkeitskontrolle sein. Bei beiden Anstalten trägt der Intendant die alleinige Verantwortung für die Programmgestaltung[328]. Mit dem Prinzip der Alleinverantwortung aber wäre eine Aufsicht unvereinbar, die den Intendanten in allen grundsätzlichen Angelegenheiten an die Zweckmäßigkeitserwägungen des Rundfunkrats bindet. Sie soll vielmehr lediglich sicherstellen, daß der Intendant die ihm durch Gesetz und Satzung gestellten Aufgaben erfüllt und dabei die Grenzen seiner eigenverantwortlichen Tätigkeit beachtet. Am engsten sind die Aufsichtsrechte des Rundfunkrats im Programmbereich bei Radio Bremen und beim Hessischen Rundfunk. Bei diesen Anstalten hat er ausschließlich auf die Einhaltung der Programmgrundsätze zu achten[329].

Bei allen Anstalten wird hervorgehoben, daß der Rundfunkrat den Intendanten in der Programmgestaltung und zum Teil auch in allen anderen Rundfunkfragen beraten dürfe[330]. Dieses Beratungsrecht kann sich neben der Rechtmäßigkeit auch auf die Zweckmäßigkeit der Anstaltstätigkeit erstrecken, da es die Entscheidungsfreiheit des Intendanten unberührt läßt.

---

[324] Art. 7 III Nr. 1 BR-G, § 9 Nr. 1 HR-G, § 6 Nr. 1 RB-G, § 15 III Nr. 2 SR-G, § 7 I a SFB-S, § 5 a SDR-S.
[325] Art. 6 I 2 BR-G, § 15 II 1 SR-G.
[326] Art. 7 III Nr. 7 BR-G. — Die Programmgrundsätze verpflichten den Intendanten zu einer unabhängigen, von demokratischer Gesinnung getragenen Programmgestaltung (vgl. z. B. Art. 4 I 2 BR-G).
[327] § 7 I b SFB-S, § 5 c u. d SDR-S.
[328] § 11 I 1 SFB-S, § 8 IV, V SDR-S.
[329] § 9 Nr. 2 HR-G, § 6 Nr. 3 RB-G.
[330] Art. 7 III Nr. 6 BR-G, § 9 Nr. 2 HR-G, § 6 Nr. 2 RB-G, § 15 II 3 SR-G, § 7 I b SFB-S, § 5 b SDR-S.

I. Kompetenzen

(2) Der *Verwaltungsrat* hat vor allem die Aufgabe, die laufende wirtschaftliche und technische Geschäftsführung des Intendanten zu überwachen[331]. Auch seine Aufsicht ist ebenso wie die des Rundfunkrats lediglich eine Rechtmäßigkeitskontrolle. Der Intendant trägt bei allen Anstalten die Verantwortung nicht nur für die Programmgestaltung, sondern auch für den gesamten übrigen Betrieb[332]. Seine Verantwortlichkeit wäre praktisch aufgehoben, wenn der Verwaltungsrat auch die Zweckmäßigkeit der Geschäftsführung beaufsichtigen und damit den Intendanten in seiner Entschließungsfreiheit beliebig beschränken könnte.

Eine Ausnahme gilt insoweit jedoch für eine Reihe im einzelnen festgelegter Rechtshandlungen des Intendanten, für deren Vornahme er der Zustimmung des Verwaltungsrats bedarf. Hierzu gehören in der Regel Verträge über Grundstücke und Unternehmungen, Kreditaufnahmen, die Übernahme fremder Verbindlichkeiten sowie alle sonstigen Rechtsgeschäfte, die einen hohen Gegenstandswert haben[333]. Weiterhin können auch die leitenden Angestellten in aller Regel nicht ohne Einwilligung des Verwaltungsrats[334] oder des Rundfunkrats[335] eingestellt und entlassen werden. Die Zustimmungsrechte sollen den kollegialen Organen die Möglichkeit geben, Rechtsgeschäfte von besonderer Bedeutung schon bei ihrem Abschluß zu überprüfen. Rundfunkrat und Verwaltungsrat werden damit nicht an der Anstaltsleitung beteiligt. Es ist Sache des Intendanten zu entscheiden, welche Rechts-

---

[331] Art. 10 II Nr. 3 BR-G, § 15 I Nr. 4 HR-G, § 10 I RB-G, § 21 Nr. 3 SR-G, § 7 IV SDR-S. Ein umfassendes Kontrollrecht auch des Verwaltungsrats des SFB ergibt sich mittelbar aus § 11 IV SFB-S. — Daß der Begriff der Geschäftsführung nur die wirtschaftliche und technische Verwaltung der Anstalt umfaßt, folgt aus Art. 10 I 1 BR-G (Förderung der „wirtschaftlichen und technischen" Entwicklung). §§ 9 V, 11 IV SFB-S (ausschließlich wirtschaftliche Aufsichtsbefugnisse), §§ 10 I, 13 II, VI RB-G („Geschäftsführung" — „Betrieb" der Anstalt), §§ 11 I Nr. 1—4, 16 II 2 HR-G (Besetzung des Verwaltungsrats mit Fachleuten, ausschließlich wirtschaftliche Aufsichtsbefugnisse), § 21 I. SR-G u. § 7 I 6 SDR-S (Erfordernis „wirtschaftlicher, finanzieller und organisatorischer Kenntnisse" der Verwaltungsratsmitglieder zur Überwachung in allen „geschäftlichen" Angelegenheiten). Vgl. hierzu ferner Aussch. f. Kulturpol. Fragen, bayLT-Prot. I/S. 1774, Besonderer Ausschuß, hessLT-Prot. I/S. 1657 u. Aussprache wbLT-Prot. I/S. 4893.

[332] Art. 12 II 2 BR-G, § 16 III 1 HR-G, § 13 IV RB-G, § 27 I SR-G, § 11 I 1 SFB-S, § 8 IX SDR-S.

[333] § 11 IV c—e SFB-S (Gegenstandswert ab 25 000 DM), § 14 I HR-S (Gegenstandswert ab 30 000 DM), § 27 IV Nr. 2 SR-G, § 7 VI SDR-S. Nach Art. 6 VI b BR-S hat der Verwaltungsrat nur ein Prüfungs-, nicht ein Zustimmungsrecht.

[334] § 16 2 a HR-G (nur wirtschaftlicher und technischer Leiter), § 13 IV 2 RB-G, § 27 VI Nr. 1 SR-G, § 11 IV b SFB-S (nur Verwaltungsdirektor und technischer Direktor). Für den SDR fehlen entsprechende Regelungen.

[335] Art. 12 IV BR-G, § 11 III SFB-S (Programmdirektor und Chefredakteur).

handlungen vorgenommen werden. Die kollegialen Organe prüfen lediglich im Aufsichtswege, ob die Maßnahmen des Intendanten auch nach ihrer Beurteilung geeignet sind, die Anstaltsinteressen zu fördern. Dieser besondere Aufsichtszweck, der sich von dem der allgemeinen Beaufsichtigung der Geschäftsführung unterscheidet, läßt es zu, auch die Zweckmäßigkeit des Anstaltshandelns zum Gegenstand der Kontrolle zu machen.

Die Oberaufsicht über die Haushalts- und Wirtschaftsführung des Intendanten führt wiederum der *Rundfunkrat*. Er genehmigt Haushaltsplan und Jahresrechnung, die vom Intendanten erstellt und vom Verwaltungsrat überprüft worden sind; zugleich erteilt er dem Verwaltungsrat und/oder dem Intendanten Entlastung[336]. Auch für den Erlaß der Anstaltssatzung ist der Rundfunkrat grundsätzlich allein zuständig[337].

(3) Die Verteilung der Kompetenzen zwischen den kollegialen Organen zeigt das Bestreben, dem Rundfunkrat eine Schlüsselposition einzuräumen. Die Gesetzgeber wollten auf diese Weise sicherstellen, daß die Vertretung der Allgemeinheit im Rundfunk einen möglichst weitgehenden Einfluß auf die Anstaltstätigkeit hat. Dies gilt vor allem für die Programmgestaltung, die das Kernstück jeder Rundfunkarbeit ist, sowie für die wirtschaftliche Rahmenplaung. Dagegen sprachen Zweckmäßigkeitserwägungen dafür, die Kontrolle der laufenden wirtschaftlichen Geschäftsführung einem kleineren Anstaltsorgan zu übertragen, das eine schnelle und sachgerechte Erledigung spezieller Verwaltungsfragen gewährleistet. Insoweit besteht ein geteiltes Kontrollsystem, das den Rundfunkrat jedoch nicht von seiner Gesamtverantwortung für die Anstaltstätigkeit entbindet.

b) Der Intendant

Dem Intendanten belassen die Aufsichtsrechte der kollegialen Organe bei der Anstaltsleitung einen weiten Spielraum. Er ist vor allem in der

---

[336] Art. 7 III Nr. 5, 10 II Nr. 4, 13 II BR-G, §§ 9 Nr. 3 u. 4, 15 I Nr. 3 HR-G, §§ 6 Nr. 4 u. 5, 10 Nr. 2 RB-G, §§ 15 IV, 21 I Nr. 6 SR-G, §§ 7 I c u. e, 9 V SFB-S. Abweichend davon wird beim SDR der Haushaltsplan abschließend vom Verwaltungsrat festgestellt (§ 10 SDR-S). Der Jahresabschluß unterliegt jedoch der Genehmigung des Rundfunkrats, der auch dem Verwaltungsrat Entlastung erteilt (§§ 5 f. u. g, 11 III SDR-S).

[337] Art. 7 I 2 BR-G (Erlaß der Satzung mit Zustimmung des Verwaltungsrats), §§ 7 II 1, 9 Nr. 3 HR-G, § 15 III Nr. 4 SR-G (Vorschlagsrecht des Verwaltungsrats, § 21 II SR-G). — Weitere Einzelkompetenzen des Rundfunkrechts: Entscheidung in Beschwerdesachen (§ 9 Nr. 5 HR-G, § 6 Nr. 6 RB-G, § 7 I d SFB-S, § 5 h SDR-S) u. Verteilung der erzielten Überschüsse (Art. 7 III Nr. 8 BR-G, § 9 Nr. 3 HR-G, § 6 Nr. 4 RB-G, § 7 I c SFB-S, § 5 f SDR-S; Ausnahme: § 31 II SR-G).

Programmgestaltung frei, solange er sich an Gesetz und Satzung hält. Der Rundfunkrat hat insoweit auch keine Richtlinienkompetenzen. Er darf lediglich beratend und empfehlend auf den Intendanten einwirken, ohne ihn in seiner Entscheidungsfreiheit beeinträchtigen zu können. Diese weitgehende Selbständigkeit des Intendanten erklärt sich aus zwei Gründen. Einmal sollte die Verantwortung für die inhaltliche Gestaltung der Sendungen in einer Hand konzentriert werden, um die Darbietung eines kulturell hochstehenden und in sich geschlossenen Programms zu gewährleisten[383]. Zum anderen hegten die Gesetzgeber vor allem bei den frühen Anstaltsgründungen die Erwartung, daß ein unabhängiger Intendant auch der Unabhängigkeit des Rundfunks am besten dienen werde.

In der wirtschaftlichen und technischen Geschäftsführung ist der Intendant allerdings engeren Bindungen unterworfen. Er ist neben Gesetz und Satzung an die Haushalts- und Finanzordnung sowie an den Haushaltsplan gebunden. Hinzu kommen die Rechtsgeschäfte, zu denen er der Zustimmung des Verwaltungsrats bedarf. Zu diesen Geschäften gehören neben der Einstellung und Entlassung der engsten Mitarbeiter des Intendanten praktisch alle Verträge von großer finanzieller Bedeutung. Bei der engen Verflechtung von Programm und Wirtschaftsführung ist nicht auszuschließen, daß sich die Entscheidungen des Verwaltungsrats mittelbar auch auf die Programmgestaltung auswirken. Sie bedeuten jedoch für die Programminitiative des Intendanten keine Gefahr, wenn der Verwaltungsrat die im einzelnen festgelegten Zuständigkeiten beachtet und sich bei der Aufsichtsführung seiner begrenzten sachbezogenen Funktionen bewußt bleibt.

c) Abweichende Regelungen

Unter den Anstalten mit vornehmlich pluralistisch gegliederten Kollegialorganen weisen lediglich der Südwestfunk und das Zweite Deutsche Fernsehen eine abweichende Kompetenzverteilung auf. Bei ihnen hat der Rundfunkrat einen erheblichen Teil seiner Befugnisse an den Verwaltungsrat verloren. Zugleich sind die Aufsichtsrechte vor allem des Verwaltungsrats so verstärkt worden, daß der Intendant weitgehend in seiner Selbständigkeit beschränkt wird.

(1) Beim *Zweiten Deutschen Fernsehen* sind die Befugnisse des Verwaltungsrats so vermehrt worden, daß er etwa den gleichen Einfluß wie der Fernsehrat erreicht. Er ist zwar nicht an der Wahl des

---

[338] So z. B. die Begr. d. Änderungsantrages *Dr. Brandenburg* u. a., wbLT-Prot. I/S. 4896.

Intendanten beteiligt, die dem Fernsehrat vorbehalten ist[339]. Dafür entscheidet er aber über die Entlassung des Intendanten und bedarf hierzu lediglich der Zustimmung des Fernsehrats[340].

Die Überwachung des Intendanten im Programmbereich ist in erster Linie Aufgabe des Fernsehrats. Er berät den Intendanten bei der Programmgestaltung und kann allgemeine Richtlinien für die Sendungen aufstellen, deren Einhaltung er ebenso wie die Beachtung der von den Gesetzgebern aufgestellten Programmgrundsätze überwacht[341]. Daneben hat auch der Verwaltungsrat Kontrollbefugnisse über das Programm. Er beaufsichtigt die gesamte „Tätigkeit" des Intendanten[342], zu der neben der wirtschaftlichen und technischen Verwaltung auch die Programmgestaltung gehört. Wie der Rundfunkrat prüft er lediglich die Rechtmäßigkeit des Anstaltshandelns. Auf ihre Zweckmäßigkeit kann er lediglich ausnahmsweise dann Einfluß nehmen, wenn seine Zustimmung zum Abschluß bestimmter Rechtsgeschäfte erforderlich ist. Der Katalog der zustimmungsbedürftigen Geschäfte entspricht im wesentlichen dem der bisher behandelten Anstalten[343]. Besonderheiten bestehen lediglich hinsichtlich der personellen Entscheidungen. Bei der Berufung des Programmdirektors, des Chefredakteurs und des Verwaltungsdirektors muß der Intendant im Einvernehmen mit dem Verwaltungsrat handeln; für die Einstellung und Entlassung aller übrigen leitenden Angestellten, die nicht ausschließlich mit künstlerischen Aufgaben betraut sind, bedarf er der Zustimmung des Verwaltungsrats[344].

Die abschließende Kontrolle der Geschäftsführung obliegt dem Fernsehrat. Er genehmigt den vom Verwaltungsrat beschlossenen Haushaltsplan sowie die Jahresrechnung und entlastet den Intendanten auf Vorschlag des Verwaltungsrats[345]. Außerdem beschließt er über den vom Verwaltungsrat vorgelegten Entwurf der Satzung[346].

Der Intendant wird durch die Befugnisse der kollegialen Organe stärker als bei den übrigen Anstalten in seinem Handlungsspielraum

---

[339] § 19 I 1 ZDF-V.
[340] § 19 II 1 ZDF-V.
[341] § 13 I ZDF-V. — Die vom Fernsehrat erlassenen Programmrichtlinien sind bei *Delp*, Das gesamte Recht der Presse des Buchhandels, des Rundfunks und des Fernsehens unter Nr. 440 e abgedruckt.
[342] § 16 II ZDF-V.
[343] § 21 Nr. 1—4, 6 ZDF-V (Zustimmung ab Gegenstandswert von 50 000 DM außer bei Verträgen über Herstellung und Lieferung von Programmteilen).
[344] §§ 20 II, 21 Nr. 5 ZDF-V.
[345] § 13 III ZDF-V. — Der Erlaß der Finanzordnung ist dagegen Sache des Verwaltungsrats, § 24 II 1 ZDF-V.
[346] § 13 II 1 ZDF-V.

I. Kompetenzen

begrenzt. Im Programmbereich ist es die Richtlinienkompetenz des Fernsehrats, die ihn in der Gesamthaltung der Anstaltstätigkeit über die von den Gesetzgebern aufgestellten Programmgrundsätze hinaus festlegt. Hinzu kommt die umfassende Aufsicht des Verwaltungsrats, die sich auf die Geschäftsführung im weitesten Sinne erstreckt und damit auch die laufende Programmtätigkeit umfaßt.

(2) Beim *Südwestfunk* ist der Einfluß des Verwaltungsrats so gesteigert, daß er den des Rundfunkrats weit übertrifft. Der Verwaltungsrat wählt und entläßt den Intendanten gemeinsam mit dem Rundfunkrat[347] und hat ebenso wie der Rundfunkrat ein allgemeines Aufsichtsrecht. Der Rundfunkrat wacht darüber, daß die Anstalt ihre Aufgaben gemäß den Bestimmungen des Staatsvertrages erfüllt; der Verwaltungsrat kontrolliert Tätigkeit und Betrieb der Anstalt[348]. Trotz des abweichenden Wortlauts haben beide Regelungen materiell den gleichen Inhalt. Sie begründen eine umfassende Rechtskontrolle beider Organe über die gesamte Tätigkeit des Intendanten[349]. Die Akzente sind allerdings verschieden gesetzt: Der Rundfunkrat ist vornehmlich im Programmbereich tätig. Er berät den Intendanten bei der Programmgestaltung und überwacht sie[350]. Der Verwaltungsrat enthält sich demgegenüber jeder laufenden Programmüberwachung. Er wird erst dann eingeschaltet, wenn Meinungsverschiedenheiten zwischen Rundfunkrat und Intendant entstehen. Auf Anrufung durch einen Beteiligten entscheidet er die aufgetretenen Streitfragen abschließend[351]. Diese Befugnis, die den Verwaltungsrat zur obersten Schiedsinstanz in Programmangelegenheiten werden läßt, ist in der Verfassung der Rundfunkanstalten ohne Vorbild. Sie ist mit der Stellung des Rundfunkrats, der auch beim Südwestfunk seiner Legitimation nach oberstes Anstaltsorgan ist[352], nicht vereinbar[353].

Auch in der Überwachung der sonstigen Geschäftsführung der Anstalt liegt das Schwergewicht der Aufsicht beim Verwaltungsrat. Eine Reihe wichtiger Rechtsgeschäfte, die im einzelnen festgelegt sind, dürfen nur mit seiner Zustimmung abgeschlossen werden[354]. Außerdem

---

[347] § 15 Satz 1 SWF-V, Art. 25 II, III SWF-S.
[348] §§ 9 I 2, 12 I SWF-V.
[349] Ebenso Nr. 5 d. Gemeinsamen Erklärung der Länderregierungen v. 27. 8. 1951 (*Lüders*, Presse- u. Rundfunkrecht, S. 253).
[350] § 9 I SWF-V.
[351] Art. 19 I 2 SWF-S.
[352] Vgl. hierzu unter II 1 dieses Kapitels.
[353] Ebenso *Klinge*, Rundfunkorganisation, S. 107.
[354] Art. 27 I—III SWF-S (Zustimmung ab Gegenstandswert von 30 000 DM; zusätzlich: Zustimmung des Rundfunkrats und Verwaltungsrats bei wesentlichen Änderungen im Bestand der organisatorischen Einrichtung der Anstalt).

wirkt er an der Bestellung der leitenden Angestellten mit. Während der Programmdirektor auf Vorschlag des Intendanten vom Rundfunkrat gewählt wird, beschließt der Verwaltungsrat über die Einstellung und Entlassung des technischen Direktors, des Verwaltungsdirektors und des Justitiars[355]. Er hat im übrigen der Ernennung und Entlassung der Sendestellenleiter zuzustimmen[356]. Der Verwaltungsrat stellt schließlich den vom Intendanten entworfenen Haushaltsplan sowie den Jahresabschluß fest und legt sie dem Rundfunkrat zur Genehmigung vor[357]. Der Erlaß der Satzung ist wiederum beiden Organen gemeinsam vorbehalten[358].

Der Intendant sieht sich in seiner gesamten Tätigkeit einer doppelten Aufsicht durch Rundfunkrat und Verwaltungsrat ausgesetzt. Obwohl durch die Satzung Aufsichtsschwerpunkte geschaffen worden sind, läßt diese Häufung von Kontrollbefugnissen eine eigenverantwortliche Programmgestaltung kaum zu. Bezeichnend für die erstrebte Abhängigkeit des Intendanten ist, daß ihm die Satzung die Möglichkeit gibt, sich von vornherein gegen Beanstandungen seiner Verwaltungstätigkeit abzusichern. Er kann jede Angelegenheit dem Rundfunkrat zur Entscheidung vorlegen; an den Beschluß des Rundfunkrats ist er gebunden, soweit nicht nach Staatsvertrag oder Satzung die Entscheidung dem Verwaltungsrat zusteht[359]. Damit wird dem Intendanten geradezu nahegelegt, die Entscheidung aller grundsätzlichen Fragen den kollegialen Organen zu überlassen.

(3) Die Schwächung des Rundfunkrates und des Intendanten zugunsten des Verwaltungsrats dient sowohl beim Südwestfunk als auch beim Zweiten Deutschen Fernsehen politischen Zielen. Bereits bei der Bildung des Verwaltungsrats war bei beiden Anstalten das Bestreben der Gesetzgeber erkennbar, der staatlichen Exekutive eine Sonderstellung einzuräumen. Diese Entwicklung setzt sich auch bei der Verteilung der Kompetenzen fort. Erhält der Verwaltungsrat Aufgaben zugesprochen, die sonst dem Rundfunkrat vorbehalten sind und werden zudem seine Aufsichtsbefugnisse gegenüber dem Intendanten verstärkt, so wird die Position der Regierungen innerhalb der Anstalt weiter verbessert. Dies gilt in besonderem Maße für den Südwestfunk. Bei dieser Anstalt sind die Befugnisse des Verwaltungsrats vor allem durch eine systematische Kompetenzverflechtung so weit ausgedehnt wor-

---

[355] Art. 29 II 1, III SWF-S.
[356] § 16 I SWF-V.
[357] §§ 17 II 1, 18 II, IV SWF-V.
[358] § 9 II 1 SWF-V.
[359] Art. 28 SWF-S.

I. Kompetenzen

den[360], daß der Rat und mit ihm die beteiligten Regierungen maßgeblichen Einfluß auf die gesamte Anstaltstätigkeit nehmen können.

2. Anstalten mit politisch gegliederten Kollegialorganen

Für alle Anstalten, die über politisch gegliederte Kollegialorgane verfügen, läßt sich hinsichtlich der Verteilung der Kompetenzen die gleiche Entwicklungstendenz wie beim Südwestfunk und beim Zweiten Deutschen Fernsehen feststellen: Unter den kollegialen Organen hat der Verwaltungsrat eine gleichstarke oder sogar eine stärkere Stellung als der Rundfunkrat, die Aufsichtsfunktionen beider Organe lassen dem Intendanten nur einen beschränkten Handlungsspielraum.

(1) Bei den *Bundesrundfunkanstalten* halten sich ähnlich wie beim Zweiten Deutschen Fernsehen die Zuständigkeiten der Kollegialorgane die Waage.

Der Rundfunkrat wählt und entläßt den Intendanten[361]. Allerdings wird sein Einfluß auf die Auswahl des Anstaltsleiters dadurch geschwächt, daß dem Verwaltungsrat ein bindendes Vorschlagsrecht eingeräumt ist. Der Verwaltungsrat darf drei Persönlichkeiten benennen, unter denen sich der Rundfunkrat für eine zu entscheiden hat[362]. Der Rundfunkrat berät den Intendanten weiterhin in Fragen der Programmgestaltung und des Jugendschutzes. Er kann dem Intendanten hierfür allgemeine Richtlinien geben und überwacht deren Beachtung[363].

Der Verwaltungsrat überwacht die laufende Geschäftsführung der Anstalt, zu der ebenso wie beim Zweiten Deutschen Fernsehen auch die Programmtätigkeit gehört[364]. Er prüft grundsätzlich nur die Rechtmäßigkeit des Anstaltshandelns[365]. Eine Ausnahme gilt wie bei allen übrigen Anstalten lediglich für die Erteilung der Zustimmung zu einer Reihe wichtiger Rechtshandlungen des Intendanten, bei der auch eine

---

[360] Soweit sich diese Erweiterungen aus der Satzung ergeben, bestehen Bedenken, ob sie mit dem Staatsvertrag vereinbar sind. Eine Reihe von Satzungsbestimmungen, wie z. B. Art. 19 I 2, lassen den Eindruck entstehen, daß nicht eine Ausfüllung, sondern eine nachträgliche Korrektur des Staatsvertrages erreicht werden sollte.
[361] § 9 I 1, IV DLF/DW-G (zugleich mit der Regelung des weiteren Verfahrens).
[362] § 11 I DLF/DW-G.
[363] § 9 II DLF/DW-G.
[364] § 11 IV DLF/DW-G. — Vgl. hierzu auch die Amtl. Begr. DLF/DW-G, BT-Drucks. III/1434 zu § 26 d. Entw.
[365] Entgegen der hier vertretenen Auffassung ist der Verwaltungsrat nach der Amtl. Begr. DLF/DW-G a.a.O. auch berechtigt, dem Intendanten auf Zweckmäßigkeitserwägungen gegründete Weisungen zu geben.

Zweckmäßigkeitskontrolle zugelassen ist. Der im einzelnen festgelegte Kreis der zustimmungsbedürftigen Geschäfte weist keine Besonderheiten auf[366]. Die Einstellung und Entlassung der leitenden Angestellten erfolgt lediglich im Benehmen mit dem Verwaltungsrat[367].

Die Schlußkontrolle der Geschäftsführung obliegt ebenfalls ausschließlich dem Verwaltungsrat. Er stellt den vom Intendanten aufgestellten Haushaltsplan fest und erteilt dem Intendanten aufgrund der vom Bundesrechnungshof geprüften Haushaltsrechnung Entlastung[368]. Dabei ist er lediglich gehalten, den Intendanten vor der Beschlußfassung zu hören[369]. Für den Erlaß der Satzung ist die Übereinstimmung beider Organe erforderlich[370].

(2) Im *Norddeutschen* und *Westdeutschen Rundfunk* erreicht der Verwaltungsrat seinen stärksten Einfluß. Er wählt und entläßt den Intendanten mit Zustimmung des Rundfunkrats[371] und kontrolliert seine Verwaltungstätigkeit. Für den Programmbereich beschränkt sich die Überwachung auf die Einhaltung der Programmgrundsätze[372]. Um so enger ist sie auf wirtschaftlichem und technischem Gebiet[373]. Der Intendant bedarf der Zustimmung des Verwaltungsrats zu allen wichtigen und grundsätzlichen Angelegenheiten[374], zu denen insbesondere die auch bei den übrigen Anstalten zustimmungsbedürftigen Rechtshandlungen sowie die Einstellung und Entlassung der leitenden Angestellten[375] gehören. Dieses weitreichende Aufsichtsrecht, das bei kei-

---

[366] § 16 II DLF-S (Zustimmung ab Gegenstandswert von 100 000 DM, zusätzlich bei Gewährung unentgeltlicher Zuwendungen sowie beim Abschluß von Miet-, Pacht- u. Versorgungsverträgen), Art. 11 II DW-S (Zustimmung ab Gegenstandswert von 50 000 DM).

[367] § 13 II 2 DLF/DW-G.

[368] § 11 V DLF/DW-G. — Die Finanzordnung erläßt beim DLF der Verwaltungsrat mit Zustimmung des Rundfunkrats (§ 18 VII d. S.), bei der DW der Rundfunkrat auf Vorschlag des Verwaltungsrats (Art. 13 I d. S.).

[369] § 9 III DLF/DW-G.

[370] § 17 II DLF/DW-G.

[371] §§ 10 III, 14 I NDR-V, § 14 I, II WDR-G (Abberufung des Intendanten *ohne* Zustimmung des Rundfunkrats).

[372] § 14 III 1 NDR-V, § 14 IV 1 WDR-G.

[373] § 14 VI 1 NDR-V, § 14 VII 1 WDR-G.

[374] § 19 I 1 NDR-V, § 21 II 1 WDR-G. Daß hierzu ausschließliche Angelegenheiten der (wirtschaftlichen und technischen) Geschäftsführung gehören, ergibt sich aus der abschließenden Regelung der Programmaufsicht in §§ 14 III 1 NDR-V, 14 IV 1 WDR-G. Sie beschränkt sich auf die Beachtung der Programmgrundsätze und läßt insoweit keine auf die Zweckmäßigkeit der Programmgestaltung gerichtete Präventivaufsicht zu.

[375] § 19 I 2 NDR-V, Art. 34 a NDR-S (zusätzlich auch Einstellung u. Entlassung der höheren Angestellten zustimmungsbedürftig); § 21 II 2 WDR-G (von der Zustimmung sind die Verträge leitender Angestellter mit ausschließlich künstlerischen Aufgaben ausgenommen), § 26 II WDR-G.

I. Kompetenzen

ner anderen Anstalt besteht, bringt den Intendanten in ein enges Abhängigkeitsverhältnis zum Verwaltungsrat. Es hat nur dann keine negativen Auswirkungen auf die Programminitiative des Intendanten, wenn sich der Verwaltungsrat bei seiner Ausübung äußerste Selbstbeschränkung auferlegt.

Der Verwaltungsrat setzt weiterhin den allgemeinen Rahmen der Wirtschaftsführung. Er stellt den vom Intendanten entworfenen Haushaltsplan fest, erläßt die Finanzordnung und genehmigt den Jahresabschluß[376].

Die Zuständigkeiten des Rundfunkrats als oberstem Anstaltsorgan nehmen sich demgegenüber bescheiden aus. Dem Rundfunkrat des Westdeutschen Rundfunks ist zwar in der Satzung die Befugnis zuerkannt, über alle Fragen zu beraten, die für die Anstalt und ihre Entwicklung von grundlegender Bedeutung sind[377]. Seine Entscheidungsgewalt ist aber bei beiden Anstalten gering. Auf dem Gebiet der Programmgestaltung übt er keinerlei Einfluß aus. Die Überwachung der Programmtätigkeit liegt beim Verwaltungsrat, die Beratung des Intendanten in Programmfragen nimmt der eigens zu diesem Zweck geschaffene Programmbeirat wahr[378]. Damit verbleiben dem Rundfunkrat neben der Zustimmung zur Wahl und Abberufung des Intendanten lediglich die abschließende Kontrolle über die Wirtschaftsführung (endgültige Genehmigung des Haushaltsplans und des Jahresabschlusses) sowie die Befugnis, die Satzung der Anstalt auf Vorschlag des Verwaltungsrats zu erlassen[379].

(3) Der Stärkung der Stellung des Verwaltungsrats liegen ebenso wie beim Südwestfunk und beim Zweiten Deutschen Fernsehen politische Motive zugrunde. Soweit seine Aufsichtsbefugnisse gegenüber dem Intendanten vermehrt worden sind, wird eine Erhöhung vor allem des Staatseinflusses auf die Anstaltstätigkeit erreicht. Die Konzentration der wichtigsten Aufsichtsfunktionen bei einem Organ mag in erster Linie mit dem organisatorischen Argument begründet werden können, daß eine nach Programmgestaltung und sonstiger Verwaltung getrennte Überwachung unzweckmäßig ist[380]. Wenn die Wahl dabei

---

[376] § 14 IV 1, V NDR-V, § 14 V, IX WDR-G. Beim WDR entscheidet der Verwaltungsrat außerdem im Einvernehmen mit der Landesregierung über die Verwendung der Überschüsse (§ 23 II WDR-G). Die Überschüsse des NDR sind den vertragschließenden Ländern zuzuführen (§ 21 II NDR-V).
[377] § 4 WDR-S.
[378] § 16 III 1 NDR-V, § 18 I WDR-G. Vgl. hierzu auch Anm. 77.
[379] §§ 10 IV, V, 14 V NDR-V, §§ 9 III, IV, 14 VI 1 WDR-G. Zum Verfahren bei Unstimmigkeiten über die endgültige Genehmigung vgl. Art. 37 III—VI NDR-S, § 16 I WDR-S.
[380] So z. B. Amtl. Begr. DLF/DW-G, BT-Drucks. III/1434 zu § 26 d. Entw. Ebenso *Reichert*, Rundfunkautonomie, S. 243, der die aus der Rundfunk-

auf den Verwaltungsrat fiel, läßt sich diese Entscheidung mit der Erwägung rechtfertigen, daß ein kleines Gremium von Verwaltungsfachleuten eher als der zahlenmäßig starke und differenziert gegliederte Rundfunkrat in der Lage ist, die Anstaltsleitung wirksam zu kontrollieren. Daneben dürfte aber auch ein politischer Gesichtspunkt eine Rolle gespielt haben. Wegen der geringen gesetzlichen Mitgliederzahl des Verwaltungsrats können nur die bedeutendsten politischen Kräfte in ihm vertreten sein. Diese mächtigen Gruppen werden in einem engeren Kreis leichter zu einem Interessenausgleich über die Grundsätze der Aufsichtsführung gelangen, als dies im Rundfunkrat möglich wäre.

II. Die Stellung der Organe zueinander

1. Rundfunkrat und Verwaltungsrat

Rundfunkrat und Verwaltungsrat sind Organe im Rechtssinne[381]. Sie werden durch organisatorische Rechtssätze geschaffen und haben einen eigenen Kompetenzbereich, den sie für die Anstalt und damit im weiteren Sinne im staatlichen Interesse wahrnehmen[382]. Dies gilt auch für den Verwaltungsrat des Senders Freies Berlin. Obwohl er als ständiger Ausschuß des Rundfunkrats bezeichnet wird[383], hat er gleichwohl Organcharakter, da er alle Merkmale des Organbegriffs erfüllt. Seine Errichtung ist durch Gesetz vorgeschrieben[384]. Ferner sind ihm eine Reihe von Aufgaben zugewiesen, die nur von ihm erfüllt werden können. Hierzu gehört vor allem die Zustimmung zu wichtigen wirtschaftlichen Rechtshandlungen des Intendanten[385]. Diese Funktionen nimmt der Verwaltungsrat, dessen Mitglieder auch gegenüber dem Rundfunkrat weisungsfrei sind[386], nicht für den Rundfunkrat, sondern in eigener Zuständigkeit wahr[387].

---

organisation der Weimarer Republik übernommene Trennung der Aufsicht über Programmgestaltung und Wirtschaftsführung als „sinnwidrig" bezeichnet, da sie in der Praxis nicht vollzogen werden könne.

[381] Zum Organbegriff vor allem *Wolff*, Verwaltungsrecht II, S. 41—56.
[382] *Wolff* S. 51.
[383] § 9 II 1 SFB-S.
[384] § 9 II 1 SFB-S.
[385] § 11 IV SFB-S. — Unzutreffend ist deshalb die Feststellung, der Verwaltungsrat habe nur beratende Funktion (Amtl. Begr. SFB-G, LT-Drucks. II/944 zu § 9). Offenbar bildet diese Annahme einen Grund dafür, daß der Verwaltungsrat im Gegensatz zu früheren Regelungen nicht mehr als Anstaltsorgan angesehen wird. Auch die weitere Erwägung, daß der Verwaltungsrat vom Rundfunkrat eingesetzt werde (Mündl. Begr. SFB-G 1956, LT-Prot. II/S. 632), schließt die Organstellung nicht aus.
[386] § 6 I 2 SFB-S.
[387] Hierzu allgemein *Wolff* S. 46.

II. Stellung

In ihrer Stellung zueinander ergeben sich für die kollegialen Organe hinsichtlich ihrer *Legitimation* klare Rangunterschiede. Der Rundfunkrat ist als Vertretung der Allgemeinheit im Rundfunk das oberste Anstaltsorgan. Ihm ordnet sich der Verwaltungsrat unter, der keine entsprechenden Repräsentationsfunktionen aufzuweisen hat.

Hinsichtlich der *Funktionen* läßt sich dagegen eine Rangfolge grundsätzlich nicht feststellen. Der Verwaltungsrat nimmt die ihm übertragenen Aufgaben in eigener Verantwortung wahr und steht damit gleichberechtigt neben dem Rundfunkrat. Eine Ausnahme gilt insoweit lediglich für die Programmaufsicht über den Intendanten des Südwestfunks. Sie wird von beiden Oorganen ausgeübt, wobei der Verwaltungsrat das Recht der abschließenden Entscheidung hat. Diese Befugnis verleiht ihm eine dem Rundfunkrat übergeordnete Stellung[388].

2. Kollegiale Organe und Intendant

Der Intendant ist ebenso wie der Rundfunkrat und der Verwaltungsrat Organ im Rechtssinn. Ihm wird in den Rundfunkordnungen die Aufgabe zugewiesen, die Anstalt zu leiten und nach außen hin zu vertreten. Damit hat er einen eigenen gesetzlichen Kompetenzbereich. Bei der Erfüllung seiner Aufgaben ist er allerdings nicht völlig unabhängig, sondern unterliegt der Aufsicht der kollegialen Organe[389]. Ihnen ist er für die gesetz- und satzungsgemäße Leitung der Anstalt verantwortlich.

Soweit Aufsichtsrechte der Kollegialorgane bestehen, ist der Intendant engen Bindungen unterworfen. Er ist verpflichtet, alle gewünschten Informationen zu geben und darf hierzu aufgefordert werden, zu den Sitzungen der kollegialen Organe zu erscheinen[390]. Für den Verwaltungsrat ist weiterhin häufig vorgesehen, daß er Berichte des In-

---

[388] Art. 19 I 2 SWF-V. — Auf die Systemwidrigkeit dieser Regelung ist bereits unter I 1 c dieses Kapitels hingewiesen worden.

[389] Die Kollegialorgane nehmen auch dann Aufsichtsfunktionen wahr, wenn sie die zu wichtigen Rechtsgeschäften des Intendanten erforderliche Zustimmung erteilen. Eigentliche Aufgabe des Intendanten ist, das Programm zu gestalten. An ihrer Erfüllung wirken die kollegialen Organe im Sinne eines gemeinsamen Handelns und einer gemeinschaftlichen Verantwortung nicht mit, wenn sie bedeutsame personelle und wirtschaftliche Entscheidungen des Intendanten billigen, die lediglich in mittelbarem Zusammenhang zur Programmgestaltung stehen. Sie üben vielmehr eine besondere Form der Wirtschaftskontrolle aus, die zur Erhöhung ihrer Wirksamkeit bereits beim Abschluß wichtiger Rechtsgeschäfte einsetzt. — So im Ergebnis auch *Wilkens*, Rundfunkaufsicht, S. 126.

[390] Art. 7 IV 5 BR-G u. 7 V BR-S, §§ 9 II 3, 11 V 1 HR-S, Art. 19 III 2 NDR-S, § 13 VII 2 RB-G, §§ 19 VI 3, 24 V SR-G, § 11 VI 1 SFB-S, Art. 17 I, III SWF-S, § 11 I WDR, §§ 8 IV 3, 14 III 3 ZDF-S, § 13 III DLF/DW-G.

tendanten einfordern, Unterlagen einsehen, Anlagen besichtigen sowie einzelne Vorgänge untersuchen kann[391]. Diese Befugnisse ergeben sich auch ohne ausdrückliche Bestimmung für beide Organe aus dem Wesen und Zweck ihrer Aufsichtsfunktionen.

Die Intensität der beobachtenden Aufsicht richtet sich nach dem Aufsichtsmaßstab. Soweit lediglich eine Rechtmäßigkeitskontrolle ausgeübt wird, darf die Beobachtung nicht so weit ausgedehnt werden, daß der Intendant über jede seiner Maßnahmen laufend berichten muß[392]. Eine derart extensive Auslegung des Informationsrechts wäre mit dem Aufsichtszweck nicht mehr vereinbar.

Unter den eigentlichen Aufsichtsmitteln kommt der Beratung des Intendanten die größte Bedeutung zu. Sie bietet die Möglichkeit, den Intendanten im Interesse einer sachdienlichen Zusammenarbeit mit den Vorstellungen der kollegialen Organe vertraut zu machen, ohne ihn in seiner Entscheidungsfreiheit zu beeinträchtigen. Ihre Zulässigkeit wird für den Programmsektor zumeist ausdrücklich hervorgehoben[393], ist aber auch für alle übrigen Bereiche jedenfalls dann nicht zweifelhaft, wenn Aufsichtsrechte der Kollegialorgane bestehen[394].

Läßt sich in strittigen Fragen eine Übereinkunft mit dem Intendanten nicht erzielen, so haben die kollegialen Organe verschiedene Eingriffsmöglichkeiten. Das schärfste berichtigende Aufsichtsmittel bildet die Abberufung oder Entlassung des Intendanten[395]. Die Abberufung setzt grundsätzlich eine gröbliche Pflichtverletzung des Intendanten voraus. Die Entlassung kann dagegen auch aus anderen Gründen ausgesprochen werden. Sie kommt immer dann in Betracht, wenn eine vertrauensvolle Zusammenarbeit zwischen Intendant und kollegialen Organen nicht mehr gewährleistet ist. Mildere Eingriffsmöglichkeiten bieten die Verweigerung der Entlastung oder die Versagung der Zustimmung zu wichtigen Rechtshandlungen des Intendanten.

Ob die kollegialen Organe daneben ein allgemeines Weisungsrecht haben, ist dagegen fraglich. Es ist grundsätzlich in jedem Aufsichtsrecht enthalten[396]. Für die Aufsicht über den Intendanten gilt jedoch insoweit zumindest für den Süddeutschen Rundfunk und den Südwest-

---

[391] § 15 II HR-G, § 14 VI 2—4 NDR-V, § 21 III SR-G, § 9 VI SFB-S, § 14 VII 2—4 WDR-G.

[392] Bedenklich deshalb Art. 6 VI BR-S.

[393] Vgl. Anm. 330.

[394] Ausdrückliche Regelungen z. B. in Art. 7 III Nr. 6 BR-G, § 6 Nr. 2 RB-G u. § 7 I b SFB-S.

[395] Vgl. hierzu unter C II 5 des 2. Kapitels.

[396] Daraus folgern *Klinge*, Rundfunkorganisation, S. 106 f. u. *Wilkens*, Rundfunkaufsicht, S. 127 generell die Zulässigkeit von Einzelweisungen auch gegenüber dem Intendanten.

II. Stellung

funk eine Ausnahme. Bei Errichtung des Süddeutschen Rundfunks war ein Weisungsrecht des Rundfunkrats in Programmfragen ausgeschlossen. Spätere Versuche, diese Regelung zu ändern, blieben erfolglos[397]. Man wollte den Intendanten in der Programmgestaltung nicht durch Mehrheitsbeschluß des Rundfunkrats festlegen, weil es als ausreichend erachtet wurde, ihn entlassen zu können, wenn seine Amtsführung nicht mehr den Interessen der Allgemeinheit entsprach. Die gleichen Erwägungen galten auch für den Südwestfunk. Der Staatsvertrag sah deshalb lediglich eine Bindung des Intendanten an die Beschlüsse des Verwaltungsrats vor[398]. Weisungen des Rundfunkrats braucht der Intendant danach nicht zu befolgen, obwohl auch der Rundfunkrat ein allgemeines Aufsichtsrecht besitzt. Daraus folgt zugleich, daß auch dem Verwaltungsrat trotz umfassender Kontrollbefugnis kein generelles Weisungsrecht eingeräumt werden sollte. Es ist vielmehr auf die Angelegenheiten beschränkt, die dem Verwaltungsrat durch Staatsvertrag und Satzung ausdrücklich zur Beschlußfassung zugewiesen sind. Die gleichen Grundsätze dürften auch für den Bayerischen Rundfunk, den Sender Freies Berlin, Radio Bremen und den Hessischen Rundfunk gelten, da alle früheren Anstalten in ihrer Organisation nach übereinstimmenden Ordnungsprinzipien ausgerichtet worden sind.

Eine eindeutige Regelung des Weisungsrechts besteht für den Norddeutschen und den Westdeutschen Rundfunk. Der Verwaltungsrat kann die Beachtung der Programmgrundsätze durch Einzelweisungen sicherstellen[399]. Für die Überwachung der Geschäftsführung fehlen zwar entsprechende Bestimmungen. Wenn aber schon Weisungen im Programmbereich als wichtigstem Teil der Anstaltsleitung zugelassen sind, so kann daraus geschlossen werden, daß ihre Zulässigkeit auch für alle übrigen Bereiche vorausgesetzt worden ist.

Für alle übrigen späteren Anstalten dürfte ebenfalls von der generellen Zulässigkeit von Einzelweisungen auszugehen sein[400], da bei ihnen im Gegensatz zu den frühen Anstalten die möglichst weit-

---

[397] wbLT-Prot. a.a.O. S. 4896 f. — Allerdings bleibt die Möglichkeit, auf Antrag von mindestens 10 Mitgliedern des Rundfunkrats oder des Intendanten durch ein Schiedsgericht entscheiden zu lassen, ob eine bestimmte Maßnahme des Intendanten das Rundfunkgesetz verletzt (§ 9 SDR-S).
[398] § 14 I 2 SWF-V. Diese Regelung konnte und sollte auch nicht durch Art. 23 I 2 SWF-S geändert werden, wonach der Intendant an die Beschlüsse von Rundfunkrat und Verwaltungsrat gebunden ist. Die Erwähnung des Rundfunkrats war allein deshalb geboten, weil durch die Satzung spezielle Zustimmungsrechte des Rundfunkrats geschaffen worden waren (vgl. z. B. Art. 24 III 2, 27 III 1, 28 SWF-S).
[399] § 14 III 2 NDR-V, § 14 IV 2 WDR-G.
[400] Anhaltspunkte hierfür ergeben sich aus der Amtl. Begr. DLF/DW-G, BT-Drucks. III/1434 zu § 26 d. Entw.

3. Kap.: Kompetenzen und Stellung der Organe

gehende Unabhängigkeit des Intendanten nicht mehr zu den bestimmenden Ordnungsprinzipien gehört.

Soweit die kollegialen Organe weisungsbefugt sind, können sie weder im Innen- noch im Außenverhältnis anstelle des Intendanten tätig werden, wenn er ihre Anordnungen nicht befolgt. Exekutivfunktionen werden grundsätzlich allein vom Intendanten ausgeübt. Etwas anderes gilt lediglich dann, wenn der Intendant aus Rechtsgründen gehindert ist, für die Anstalt zu handeln. Dies ist bei Abschluß seines Dienstvertrages durch die Anstalt sowie bei allen sonstigen Rechtshandlungen der Fall, die die Anstalt während oder nach seiner Amtszeit ihm gegenüber wahrzunehmen hat[401].

---

[401] Art. 10 II Nr. 1, 2 BR-G, § 15 I Nr. 1, 2 HR-G, § 14 II NDR-V, § 10 I Nr. 1 RB-G, § 21 I Nr. 1, 2 SR-G, § 7 III, V SDR-S, § 14 III SWF-V, Art. 24 II 1 SWF-S, § 14 III WDR-G, § 16 I ZDF-V, § 11 II, III DLF/DW-G. Die Anstalt wird dabei grundsätzlich vom Verwaltungsrat vertreten.

Viertes Kapitel

Die Staatsaufsicht über die Rundfunkanstalten

Ob und in welchem Ausmaß die staatliche Exekutive die Rundfunkanstalten beaufsichtigen darf, ist eine der umstrittensten Fragen der Nachkriegsentwicklung des deutschen Rundfunks. Sie berührt das grundsätzliche Problem des Verhältnisses zwischen Staat und Rundfunk und hat deshalb auch in den einzelnen Entwicklungsphasen eine abweichende Beurteilung erfahren.

I. Das Bestehen einer Staatsaufsicht

1. Aufsichtsunterworfene Anstalten

Für alle Anstalten, die seit 1954/55 unter alleiniger deutscher Verantwortung errichtet worden sind (Norddeutscher Rundfunk, Westdeutscher Rundfunk, Saarländischer Rundfunk, Deutschlandfunk, Deutsche Welle, Zweites Deutsches Fernsehen), sind klare Regelungen der Aufsichtsbefugnisse des Staates über den Rundfunk getroffen worden[402]. Darin kommt die grundsätzliche Einstellung der Rundfunkgesetzgeber zum Ausdruck, daß der Rundfunk trotz des ihm zugestandenen Freiheitsbereichs eine staatliche Aufgabe ist, deren Erfüllung durch entsprechende Aufsichtsrechte des Staates gewährleistet werden soll[403]. Ein uneingeschränktes Selbstverwaltungsrecht der Anstalten war mit dieser Auffassung unvereinbar.

Von den vor dem Jahre 1954 errichteten Anstalten unterlagen von vornherein nur der Sender Freies Berlin und der Südwestfunk einer staatlichen Beaufsichtigung[404]. Sie sind in einer Übergangsphase entstanden, in der der alliierte Einfluß auf das Rundfunkgeschehen so weit abgeschwächt war, daß die deutschen Gesetzgeber die Organisation der Rundfunkanstalten den eigenen Ordnungsvorstellungen annähern konnten[405]. Über den Sender Freies Berlin ist die Staatsaufsicht

---

[402] § 22 NDR-V, § 34 SR-G, § 24 WDR-G, § 25 ZDF-V, § 22 DLF/DW-G.
[403] Vgl. hierzu allgemein unter II 3 des 1. Kapitels.
[404] § 7 IV SFB-S, § 19 SWF-V.
[405] Vgl. hierzu allgemein unter II 2 des 1. Kapitels.

später sogar verstärkt worden[406]. Waren ursprünglich im wesentlichen beobachtende Aufsichtsbefugnisse des Senats von Berlin vorgesehen[407], so setzten bald nach dem Wegfall der alliierten Vorbehaltsrechte im Bundesgebiet auch in Berlin Bestrebungen ein, die Regelungen der Staatsaufsicht der neueren Entwicklung anzupassen. Bereits im Jahre 1956 hatte der Senat von Berlin im Zuge der Änderung des Rundfunkgesetzes erwogen, neben der beobachtenden auch eine berichtigende Staatsaufsicht ausdrücklich zuzulassen. Eine entsprechende Vorschrift in der Gesetzesvorlage wurde jedoch später mit der Begründung gestrichen, die Zulässigkeit einer derartigen Aufsicht ergebe sich bereits aus den allgemeinen Grundsätzen des Anstaltsrechts[408]. Wahrscheinlicher ist allerdings, daß es der Senat auf eine öffentliche Diskussion dieser zum damaligen Zeitpunkt noch umstrittenen Frage nicht ankommen lassen wollte. Bald darauf bot sich jedoch die Gelegenheit, das Problem der Staatsaufsicht über den Sender Freies Berlin durch einen Gesetzgebungsakt zu lösen, ohne dabei den Wortlaut des Rundfunkgesetzes antasten zu müssen. Durch § 28 I berlAZG wurden sämtliche landesunmittelbaren juristischen Personen des öffentlichen Rechts der Staatsaufsicht Berlins unterstellt. Einige Ausnahmen sah § 33 berlAZG vor. Da der Sender Freies Berlin nicht in diesen abschließenden Katalog aufgenommen wurde, war klargestellt, daß für ihn eine abweichende Regelung nicht getroffen werden sollte.

2. Aufsichtsfreie Anstalten

a) Ursprüngliche Rechtslage

Alle Anstalten, die in den Jahren 1948/49 entstanden sind, waren bei ihrer Errichtung jeder Kontrolle der staatlichen Exekutive entzogen. Dies galt insbesondere für den Bayerischen Rundfunk, den Hessischen Rundfunk, Radio Bremen und den Süddeutschen Rundfunk, den Anstalten in den Ländern der amerikanischen Besatzungszone. Für den Hessischen Rundfunk ergab sich der Ausschluß der Staatsaufsicht unmittelbar aus dem Rundfunkgesetz, in dem ausdrücklich festgelegt wurde, daß die Anstalt nicht der Staatsaufsicht unterliegt[409]. Bei den übrigen Anstalten konnte aus dem Fehlen gesetzlicher Regelungen über Zulässigkeit, Inhalt und Umfang der Aufsicht geschlossen wer-

---

[406] Diese Entwicklung ist in der Darstellung d. Verf. in DVBl. 1963 S. 45 noch nicht berücksichtigt worden.
[407] § 7 IV SFB-S.
[408] Senatsbeschluß Nr. 2449/56 v. 22. 10. 1956 unter B 14.
[409] § 1 I 2 HR-G. — Daß damit der Ausschluß *jeder* Form der Staatsaufsicht beabsichtigt war, ergibt sich eindeutig aus der Amtl. Begr. HR-G, LT-Drucks. I/883 zu § 5.

den, daß sie ebenfalls aufsichtsfrei sein sollten. Das Schweigen der Rundfunkgesetze ließ sich nicht etwa als Verweisung auf die allgemeinen Grundsätze des Anstaltsrechts deuten, die eine umfassende Beaufsichtigung der Anstalt durch den Staat als Anstaltsträger zulassen. Dagegen sprachen bereits rechtssystematische Überlegungen. Abweichend von den herkömmlichen Grundsätzen des Anstaltsrechts war den Rundfunkanstalten das Recht zur Selbstverwaltung verliehen worden. Diese atypische Gestaltung ließ eine uneingeschränkte Anwendung der Regeln des Anstaltsrechts gerade hinsichtlich der Staatsaufsicht nicht mehr zu. Es wäre deshalb notwendig gewesen, die staatlichen Aufsichtsbefugnisse im einzelnen festzulegen. Wurden entsprechende Regelungen nicht getroffen, so spricht die Vermutung dafür, daß eine Staatsaufsicht nicht ausgeübt werden sollte.

Dieses Ergebnis wird durch die Entstehungsgeschichte der Rundfunkgesetze bestätigt. Die Rundfunkgesetzgeber waren auf Weisung der amerikanischen Militärregierung gehalten, den Einfluß der staatlichen Exekutive so gering wie möglich zu halten, um die gesellschaftlichen Aufgaben des Rundfunks nicht zu gefährden[410]. Dies zielte vor allem auf den Ausschluß der Staatsaufsicht ab, die nach den hergebrachten Grundsätzen des Anstaltsrechts eine intensive staatliche Einflußnahme auf die Rundfunktätigkeit ermöglicht hätte. In den parlamentarischen Beratungen gingen denn auch Regierungen und Parlamente übereinstimmend von der Unzulässigkeit jeder Kontrolle der Exekutive aus[411]. Einen besonders sichtbaren Ausdruck fand diese grundsätzliche Einstellung in den Erörterungen des Württemberg-Badischen Landtags über den Entwurf des Rundfunkgesetzes. Für den Süddeutschen Rundfunk wurde sogar von einer Rechnungskontrolle durch die Landesrechnungshöfe abgesehen, um damit auch jeden mittelbaren Einfluß der Regierung auf die Anstalt auszuschalten[412].

b) Änderung der Rechtslage nach Aufhebung des Besatzungsstatuts?

Der von der Militärregierung erzwungene Ausschluß der Staatsaufsicht, der in den Rundfunkgesetzen ausdrücklich oder doch erkenn-

---

[410] Vgl. hierzu allgemein unter II 1 des 1. Kapitels.
[411] Eingehende Berichte u. Nachweise bei *Reichert* S. 34 ff., 55 ff. u. 73 ff. Vgl. ergänzend auch Aussch. f. Kulturpolitische Fragen, bayLT-Prot. I/Bd. II S. 1773 sowie das in bayLT-Prot. I/Bd. V S. 863 zitierte Schreiben d. Präsidenten d. Bay. Obersten Rechnungshofs. — Auch das damalige rundfunkrechtliche Schrifttum hielt die Ausübung einer Staatsaufsicht allgemein für unzulässig (hierzu insbes. *Albath*, Rundfunkorganisation, S. 166 f., *Forsthoff*, Verwaltungsrecht I [6. Aufl], S. 413 Anm. 6, *Hengstberger*, Rundfunkgebühr, S. 85, *Haensel* DVBl. 1957 S. 451, *Huber*, Wirtschaftsverwaltungsrecht I, S. 173, *Klinge*, Rundfunkorganisation, S. 34, *Leiling* RuH 1953/54 S. 200—203 [für den BR], *Weber*, NWDR-Denkschrift, S. 69 u. *Ziegler*, Deutscher Rundfunk, S. 85).
[412] Begr. Antrag *Bernhard*, LT-Prot. I/S. 4897 f.

bar verankert worden war, ist mit der Aufhebung des Besatzungsstatuts nicht ohne weiteres hinfällig geworden. Die Rundfunkgesetze waren nicht Besatzungsrecht, sondern verfassungsgemäß zustandegekommene Akte der deutschen Gesetzgebung. Infolgedessen konnte die Aufsichtsfreiheit der Rundfunkanstalten nur durch eine Gesetzesänderung beseitigt werden, es sei denn, sie verstieß gegen zwingende Normen oder Grundsätze des Verfassungsrechts.

Aus dem GG läßt sich ein Verfassungsgebot, daß alle juristischen Personen des öffentlichen Rechts der Staatsaufsicht unterworfen sein müssen, nicht herleiten. Das parlamentarische Regierungssystem (Art. 28 I GG), das für Bund und Länder gleichermaßen verbindlich ist, setzt zwar voraus, daß der Regierung alle Befugnisse erhalten bleiben müssen, die erforderlich sind, um die Verwaltungstätigkeit selbständig und in eigener Verantwortung zu lenken[413]. Dieser Steuerungsfunktion kann die Regierung nur dann gerecht werden, wenn sie ihre Ordnungsvorstellungen gegenüber der Verwaltung verbindlich machen und notfalls auch durchsetzen kann. Hierzu bedarf es weitgehender Kontrollrechte, die jedoch nicht lückenlos zu sein brauchen. Rechtsprechung und ein maßgeblicher Teil des Schrifttums stimmen darin überein, daß Verwaltungsträger in Ausnahmefällen entweder nur einer Rechtsaufsicht unterworfen oder ganz aufsichtsfrei gestellt werden können[414]. Vor allem das BVerfG hat die Zulässigkeit eines dem Regierungseinfluß entzogenen „ministerialfreien Raums" ausdrücklich anerkannt, allerdings mit der Einschränkung, daß Regierungsaufgaben von besonderer politischer Tragweite nicht generell der Regierungsverantwortung entzogen werden dürfen[415].

Nach diesen allgemeinen Grundsätzen dürfte der Rundfunk nicht zu den zulässigen Formen ministerialfreier Verwaltungstätigkeit gerechnet werden können. Er hat eine eminente politische Bedeutung und wird nicht nur in einzelnen Teilbereichen, sondern umfassend aus dem Einflußbereich der Regierung herausgelöst, wenn er der Staatsaufsicht entzogen wird. Seine Aufsichtsfreiheit läßt sich damit nur dann rechtfertigen, wenn sie durch Spezialnormen gefordert oder wenigstens zugelassen wird. Eine solche Ausnahmeregelung, die Art. 28 I GG und entsprechenden Bestimmungen der Länderverfassungen[416] vorgeht, trifft Art. 5 GG.

---

[413] BVerfGE 9, 268 (281).
[414] Umfassende Nachweise bei *Fichtmüller* AöR 91 S. 299—301.
[415] E 9, 282.
[416] Am eindeutigsten ergibt sich das Prinzip der **Regierungsverantwortung** aus Art. 55 Nr. 5 Bay. Verf.

I. Bestehen einer Aufsicht

Art. 5 I GG garantiert nach der Auslegung, die ihm das BVerfG gegeben hat, neben der Pressefreiheit auch die Freiheit des Rundfunks[417]. Ihre Verwirklichung ist nach Auffassung des Gerichts unter den gegebenen Umständen nur dann möglich, wenn die wenigen vorhandenen Rundfunkträger weder dem Staat noch einer einzelnen gesellschaftlichen Gruppe ausgeliefert werden[418]. Dieses Neutralitätsgebot schließt alle Formen staatlicher Aufsicht über die Rundfunkanstalten aus, mit denen ein bestimmender Einfluß auf die Anstaltsorgane genommen werden kann. Daraus folgt zwingend das Verbot der Fachaufsicht, die eine Steuerung der gesamten Anstaltstätigkeit zulassen würde[419]. Dagegen wird eine Kontrolle der Rechtmäßigkeit der Anstaltstätigkeit nicht ausgeschlossen. Art. 5 GG gewährleistet keine schrankenlose Rundfunkfreiheit, sondern bindet die Grundrechtsträger ausdrücklich an die allgemeinen Gesetze, die gesetzlichen Bestimmungen zum Schutze der Jugend und das Recht der persönlichen Ehre (Abs. 2). Die Beachtung dieser Schranken kann auch von der staatlichen Exekutive im Wege der Rechtsaufsicht sichergestellt werden[420].

Aus der Zulässigkeit der Rechtsaufsicht folgt indessen nicht, daß sie notwendigerweise auch ausgeübt werden muß. Der Rundfunk ist, wie das Neutralitätsgebot des Art. 5 GG zeigt, eine öffentliche Aufgabe

---

[417] E 12, 205 (260 f.).

[418] E 12, 262 f.

[419] Hiermit ist nicht zu vereinbaren, wenn das BVerfG über private Rundfunkträger eine Staatsaufsicht „ähnlich etwa der Banken- oder Versicherungsaufsicht" für zulässig hält (E 12, 262), da eine derartige Aufsicht nicht nur bloße Rechtmäßigkeitskontrolle, sondern weitgehend auch Fachaufsicht wäre. Dieser offensichtliche Widerspruch vermag jedoch die grundsätzliche Feststellung des BVerfG nicht zu beeinträchtigen, der Rundfunk dürfe ebenso wie die Presse nicht von Staats wegen reglementiert oder gesteuert werden (E 12, 260). Deutlicher konnte eine Kontrolle auch über die Zweckmäßigkeit der Rundfunktätigkeit nicht ausgeschlossen werden (anders allerdings *Bettermann* DVBl. 1963 S. 43).

[420] Gegen die verfassungsrechtliche Zulässigkeit der Rechtsaufsicht lediglich *Wilkens*, Rundfunkaufsicht, S. 105—114. Er ist der Auffassung, daß sich bei der im Rundfunkrecht anzutreffenden Häufung positiv formulierter unbestimmter Rechtsbegriffe auch eine Rechtmäßigkeitskontrolle faktisch als Fachaufsicht auswirke. Abgesehen davon, daß damit die Zulässigkeit der Rechtsaufsicht nicht nur für den Rundfunk in Frage gestellt wird, tritt die von *Wilkens* befürchtete Ausweitung der Kontrolle bei einer dem Wesen der gesellschaftlichen Selbstverwaltung angepaßten Aufsichtsführung nicht ein. Auch positiv formulierte unbestimmte Rechtsbegriffe stellen sich im Bereich der gesellschaftlichen Selbstverwaltung als bloße negative Begrenzungen der autonomen Entscheidungsfreiheit des Selbstverwaltungsträgers dar (*Salzwedel* VVDStRL H. 22 S. 237). Als Gestaltungsschranken berechtigen sie damit nicht zu einer umfassenden Reglementierung des Selbstverwaltungshandelns, sondern lassen ein staatliches Eingreifen erst bei völliger Nichtbeachtung der gesetzlichen Anforderungen zu. — Zu der mehr rundfunkpolitisch begründeten Ablehnung auch der Rechtsaufsicht durch *Reichert*, Rundfunkautonomie, S. 212—217, vgl. *Ule* DVBl. 1957 S. 459.

besonderer Prägung. Soll er ein Instrument der öffentlichen Meinungsbildung in der Hand der Gesellschaft sein und wird dieses Ordnungsprinzip bei den Rundfunkanstalten der ehemaligen amerikanischen Besatzungszone im Einklang mit der vom BVerfG vertretenen Auslegung von Art. 5 GG dadurch verwirklicht, daß in erster Linie gesellschaftliche Gruppen die Verantwortung für die Rundfunktätigkeit tragen, so ist kein zwingendes Bedürfnis ersichtlich, die Erfüllung der Rundfunkaufgaben und die Rechtmäßigkeit der Anstaltstätigkeit durch staatliche Aufsichtsmittel zu gewährleisten. Es ist vielmehr Sache der Gesellschaft zu verantworten, daß sich der Rundfunk im Rahmen des für ihn geltenden Rechts betätigt. Die Rundfunkgesetzgeber können deshalb auf eine Aufsicht durch die staatliche Exekutive verzichten[421] und sich mit geeigneten Formen gesellschaftlicher Selbstkontrolle begnügen (Rundfunkrat, Verwaltungsrat). Dadurch wird der Rundfunk keineswegs zum Staat im Staate. Er wird nicht der Aufsicht des Staates schlechthin entzogen, sondern bleibt der Kontrolle der Gerichte und des Parlaments unterworfen[422]. Die verbleibenden Aufsichtsmöglichkeiten reichen aus, um die Einheit der Staatsgewalt zu wahren. Es entspricht dieser Auffassung, wenn das BVerfG bei seinen Erörterungen zu Art. 5 GG feststellt, die Rundfunkanstalten könnten „dem staatlichen Einfluß *entzogen* oder einer beschränkten Rechtsaufsicht unterworfen" werden[423].

Kann damit die Aufsichtsfreiheit von Rundfunkanstalten nicht als verfassungswidrig angesehen werden, so bedurfte es einer Änderung der Rundfunkgesetze, um sie zu beseitigen. Derartige Bestimmungen sind bisher für keine Anstalt der ehemaligen amerikanischen Besatzungszone getroffen worden[424]. Bayerischer Rundfunk, Hessischer Rundfunk, Radio Bremen und Süddeutscher Rundfunk sind deshalb

---

[421] *Salzwedel* VVDStRL 22 S. 222—224, 252 f. hält eine Befreiung von staatlicher Aufsicht allgemein für zulässig, wenn öffentliche Aufgaben von Trägern nichtstaatlicher gesellschaftlicher Selbstverwaltung wahrgenommen werden. Seine These hat Zustimmung (vgl. z. B. die Diskussionsbeiträge von *Münch* u. *Stern* in VVDStRL 22 S. 357 f. u. 364 f.), aber auch entschiedenen Widerspruch gefunden. Die ablehnenden Stimmen kritisieren entweder die Weite und Ungenauigkeit des Begriffs der gesellschaftlichen Selbstverwaltung oder halten daran fest, daß jede Erledigung öffentlicher Angelegenheiten durch Rechtsträger außerhalb des Staates stets mit einer Staatsaufsicht gekoppelt sein müsse (so insbesondere die Diskussionsbeiträge von *Ipsen, Bachof, Weber* und *Badura* in VVDStRL 22 S. 331 f., 337 f., 341 f. u. 352 f.; ebenso *Köttgen* JÖR N. F. Bd. 11 [1962] S. 279 u. *Wolff*, Verwaltungsrecht II, S. 95).

[422] *Salzwedel* VVDStRL 22 S. 256, *Fichtmüller* AöR 91 S. 330.

[423] E 12, 261. Ebenso *Bachof*, Rechtsgutachten, S. 49 u. *Fichtmüller* AöR 91 S. 347.

[424] Sie werden für den BR vorbereitet (LT-Beilage V/905 u. 1196).

II. Inhalt und Umfang der Staatsaufsicht

trotz z. T. gegenteiliger Handhabung in der Praxis[425] nach wie vor aufsichtsfrei[426].

Alle Rundfunkanstalten, die durch Gesetz oder Staatsvertrag der Staatsaufsicht unterstellt worden sind, unterliegen lediglich einer Rechtmäßigkeitskontrolle[427]. Unter den Rundfunkgesetzgebern bestand Übereinstimmung, daß eine Fachaufsicht, die eine weitgehende Regle-

---

[425] Eine Rechtsaufsicht wird zumindest über den BR und RB ausgeübt. Die Aufsicht über den BR stützt die Bay. Staatsregierung auf Art. 55 Nr. 5 Bay. Verf. (LT-Beilage V/1196). Ihre Rechtsauffassung ist vom Bay. VGH bestätigt worden, der davon ausging, daß Art. 55 Bay. Verf. durch das Rundfunkgesetz weder geändert werden sollte noch geändert werden konnte (UFITA Bd. 42 [1964] S. 350). Das BVerwG hat zu dieser Frage keine Stellung genommen, weil es insoweit um die Auslegung nicht revisiblen Landesrechts ging (E 22, 299, 300 f.). — Über die Rechtsgrundlage für die über RB ausgeübte Staatsaufsicht bestehen offenbar Unklarheiten. In einer Veröffentlichung der Anstalt (Radio Bremen, 40 Jahre Rundfunk in Bremen, S. 74 f.) wird einerseits als Besonderheit hervorgehoben, daß die Anstalt keiner Kontrolle der staatlichen Exekutive unterworfen sei. Andererseits wird erklärt, daß die Rechtsaufsicht hiervon unberührt bleibe. Wahrscheinlich sollte damit lediglich gesagt werden, daß RB der staatlichen *Fachaufsicht* entzogen ist. Damit bleibt aber das eigentliche Problem ungelöst, ob wenigstens eine *Rechtsaufsicht* ausgeübt werden darf, was nach der Brem. Verf., der Entstehungsgeschichte des RB-G und der späteren Entwicklung keineswegs selbstverständlich ist.

[426] Ebenso *Salzwedel* VVDStRL 22 S. 253 Anm. 132, *Lenz* JZ 1963 S. 347 Anm. 126, Intern. Hdb. f. Rundfunk u. Fernsehen Teil C S. 13 u. offenbar auch *Jecht*, Öffentliche Anstalt, S. 102. Gegen Aufsichtsfreiheit und für Rechtsaufsicht *Herrmann* AöR 90 S. 309—311 u. *Wolff*, Verwaltungsrecht II, S. 95, da nur auf diese Weise die Eingliederung der Rundfunkanstalten in den Staat und ihre Unterordnung unter die Staatsgewalt erreicht werden könne. Ähnlich wohl auch *Forsthoff*, Verwaltungsrecht I (9. Aufl.), S. 461 Anm. 6, für den eine Besonderheit der Rundfunkorganisation in der „weitgehenden (im einzelnen unterschiedlichen) Freistellung von der Staatsaufsicht" besteht. Wie diese Auffassungen mit der Gesetzeslage (§ 1 I 2 HR-G!) und der Entstehungsgeschichte der Rundfunkgesetze in Einklang gebracht werden können, wird nicht näher erörtert. *Wilkens*, Rundfunkaufsicht, S. 78, der sich eingehend mit der verfassungsrechtlichen Seite der Rundfunkaufsicht befaßt, begnügt sich zur bestehenden Rechtslage mit der Feststellung, das Fehlen ausdrücklicher Regelungen der Staatsaufsicht werde „uneinheitlich" gedeutet.

[427] § 22 II NDR-V, § 34 I SR-G, § 19 SWF-V, § 24 I WDR-G, § 25 Satz 1 ZDF-V, § 22 II DLF/DW-G, § 28 III berlAZG. Soweit durch die Fassung des § 17 II 2 SWF-V Unklarheiten über den Umfang der Wirtschaftskontrolle über den SWF entstanden waren, sind sie durch Art. 38 1 SWF-S i. V. m. Nr. 3 der Richtlinien v. 11. 2. 1952 für den Erlaß der Satzung des SWF (*Lüders*, Presse- u. Rundfunkrecht, S. 256) beseitigt worden. Danach unterliegt der SWF auch hinsichtlich seiner Wirtschaftsführung lediglich einer Gesetzmäßigkeitskontrolle. Zu den Einzelheiten dieser Entwicklung *Reichert* S. 111—113. — Die Annahme *Jechts* S. 102, über NDR u. WDR werde eine Fachaufsicht ausgeübt, hat bereits *Herrmann* AöR 90 S. 307 Anm. 112 widerlegt.

mentierung der Rundfunkanstalten durch die staatliche Exekutive ermöglicht hätte, nicht mit der Freiheit der öffentlichen Meinungsbildung zu vereinbaren sei[428]. Sie begrenzten deshalb die Aufsichtsbefugnisse auf eine reine Rechtsaufsicht. Durch Art. 5 GG sahen sie sich an der Einführung einer derartigen begrenzten Kontrolle nicht gehindert, sondern betrachteten sich geradezu als verpflichtet, auf diese Weise für die Beachtung der dem Rundfunk gesetzten Schranken zu sorgen (Art. 5 II GG).

Der Umfang der Rechtsaufsicht ist uneinheitlich geregelt:

(1) Beim Norddeutschen Rundfunk, Westdeutschen Rundfunk und bei den Bundesrundfunkanstalten beschränkt sie sich darauf, für die Beachtung der Bestimmungen „dieses Gesetzes"[429] oder „dieses Vertrages"[430] zu sorgen. Die Aufsichtsorgane können damit lediglich Verletzungen des Rundfunkgesetzes oder Rundfunkvertrages, nicht aber Verstöße gegen allgemeine Rechtsnormen oder gegen das von der Anstalt autonom gesetzte Satzungsrecht beanstanden[431]. Diese enge Rechtsaufsicht ist eine Besonderheit des Rundfunkrechts. Sie soll die staatliche Einflußnahme im Interesse der Unabhängigkeit des Rundfunks auf das Notwendigste begrenzen[432].

(2) Weitergehende Aufsichtsbefugnisse sind für den Südwestfunk und das Zweite Deutsche Fernsehen vorgesehen. Bei diesen Anstalten wird neben der ordnungsgemäßen Durchführung der Bestimmungen des Staatsvertrages auch die Beachtung der allgemeinen Rechtsvorschriften überwacht[433]. Eine Kontrolle der Einhaltung der Satzung entfällt dagegen, weil die Satzung weder zu „diesem Vertrag" noch zu den „allgemeinen Rechtsvorschriften" gerechnet werden kann.

(3) Am umfassendsten ist die Rechtsaufsicht über den Saarländischen Rundfunk und den Sender Freies Berlin. Beim Saarländischen Rundfunk bestehen Aufsichtsbefugnisse in allen Fällen, in denen „die Ge-

---

[428] Vgl. Amtl. Begr. WDR-G, nwLT-Drucks. II/1414 unter A II.
[429] § 24 I WDR-G, § 22 II DLF/DW-G.
[430] § 22 II NDR-V.
[431] So ausdrücklich Amtl. Begr. DLF/DW-G, BT-Drucks. III/1434 zu § 47. Etwas anderes gilt allerdings dann, wenn die Anstaltsorgane verpflichtet sind, bestimmte Regelungen in die Satzung aufzunehmen (z. B. § 17 I 2 DLF/DW-G). In derartigen Fällen erstreckt sich die Aufsicht auch darauf, ob die vom Gesetzgeber gewünschte Bestimmung erlassen worden ist und beachtet wird.
[432] Amtl. Begr. WDR-G a.a.O. u. Amtl. Begr. NWDR-V, nwLT-Drucks. III/89 zu § 26. Es erscheint allerdings fraglich, ob diese Begründung stichhaltig ist, wenn man sich überhaupt zur Einführung einer Rechtsaufsicht entschließt.
[433] § 19 SWF-V, § 25 Satz 1 ZDF-V.

III. Aufsichtsmittel

setze" verletzt sind[434]. Der Begriff des Gesetzes kann hier ebenso wie im Kommunalrecht[435] im materiellen Sinn verstanden werden, so daß neben Verfassungsrecht, förmlichen Gesetzen und Rechtsverordnungen auch autonomes Satzungsrecht und ungeschriebenes Recht von der Aufsicht erfaßt werden. Ebenso weit reicht die Kontrolle über den Sender Freies Berlin, der auf die „Rechtmäßigkeit" seines Handelns überwacht wird[436].

Die Rechtsaufsicht erstreckt sich auf sämtliche Bereiche der Anstaltstätigkeit. Sie umfaßt neben der Programmgestaltung auch die Haushalts- und Wirtschaftsführung[437]. Auch hier ist sie bloße Rechtmäßigkeitskontrolle und schließt damit alle weitergehenden Aufsichtsbefugnisse aus, die der Exekutive herkömmlich über Anstalten des öffentlichen Rechts zustehen. Dies gilt insbesondere für die Bestimmungen des Gesetzes zur Erhaltung und Hebung der Kaufkraft vom 24. 3. 1934 (RGBl. I S. 235)[438], die auch eine Überprüfung der Zweckmäßigkeit des Finanzgebarens zulassen.

III. Mittel der Staatsaufsicht

1. Vorbereitende Aufsichtsmittel

Die erste Stufe des Aufsichtsverfahrens bildet das Auskunftsverlangen. Es soll den Aufsichtsorganen die Kenntnisse vermitteln, die zur zweckdienlichen Führung der Aufsicht erforderlich sind. Obwohl in keiner Rundfunkordnung ausdrücklich erwähnt, kann es auch gegenüber den Rundfunkanstalten beansprucht werden, da jede Aufsicht funktionsnotwendig ausreichende Informationsbefugnisse voraussetzt[439].

Der Umfang des Informationsrechts wird vom Zweck der ausgeübten Aufsicht bestimmt. Besteht die Aufsicht, wie bei den Rundfunkanstalten, in einer reinen Rechtmäßigkeitskontrolle, so ist ein Auskunfts-

---

[434] § 34 I SR-G.
[435] Hierzu *Peters*, Grenzen d. Kommunalaufsicht, S. 236 u. *Weber*, Kommunalaufsicht, S. 19. Ebenso *Thieme*, Hochschulrecht, S. 96 f. für die Universitäten. Zu den Besonderheiten der Aufsicht über die Einhaltung der Satzung *Salzwedel* VVDStRL 22 S. 241—243.
[436] § 28 III berlAZG. — Weiterhin ist auch der geordnete Gang der Verwaltung sicherzustellen. Er ist nicht mehr gewahrt, wenn eine Anstalt ihr obliegenden Aufgaben nicht erfüllt oder Verwaltungsvorschriften beharrlich zuwiderhandelt (§ 9 IV berlAZG). Die letztere Alternative kommt allerdings für den SFB nicht in Betracht, da seine Tätigkeit allein durch Gesetz geregelt werden kann (BVerfGE 12, 205, 262).
[437] Vgl. z. B. § 17 II 2 SWF-V.
[438] So ausdrücklich § 24 IV ZDF-V u. § 16 V DLF/DW-G.
[439] So z. B. *Fröhler*, Staatsaufsicht Handwerkskammern, S. 62.

verlangen grundsätzlich nur insoweit zulässig, als konkrete Anhaltspunkte dafür gegeben sind, daß der Selbstverwaltungsträger das Gesetz zu verletzen droht oder bereits verletzt hat[440]. Allgemeine Überprüfungen ohne besondere Verdachtsmomente dürfen dagegen nur ausnahmsweise durchgeführt werden[441]. Sie dürfen keinesfalls so weit gehen, daß fortlaufende Auskünfte über alle Selbstverwaltungsangelegenheiten gefordert werden. Ein derart umfassendes Informationsverlangen wäre mit der Selbstverwaltung der Anstalt als eigenverantwortlicher Wahrnehmung öffentlicher Aufgaben nicht vereinbar.

Zur Untersuchung bestimmter Vorgänge innerhalb der Anstalt verfügen die Aufsichtsorgane über eine Vielzahl von Informationsmöglichkeiten. Sie können Auskünfte oder Berichte anfordern, Akten oder sonstige Unterlagen vorlegen lassen sowie Prüfungen vornehmen. Ferner sind sie befugt, Vertreter in die Sitzungen der kollegialen Anstaltsorgane zu entsenden, wenn dies zur Erörterung konkreter Vorgänge erforderlich ist[442]. In besonders gelagerten Fällen wird ihnen sogar das Recht zugestanden werden müssen, zu diesem Zweck die Einberufung außerordentlicher Sitzungen zu verlangen oder gegebenenfalls selbst zu veranlassen[443]. Unzulässig ist dagegen, Vertreter ohne besonderen Anlaß an den Sitzungen der kollegialen Organe teilnehmen zu lassen[444]. Ausnahmen müssen deshalb in den Rundfunkordnungen ausdrücklich zugelassen sein[445]. Soweit derartige Regelungen bestehen, sind die Organe einer ständigen beobachtenden Staatsaufsicht ausgesetzt, die bereits bei der Vorbereitung der Willensbildung einsetzt. Ob eine solche „vorverlegte" Aufsicht noch mit dem Institut der Selbstverwaltung und der Garantie der Rundfunkfreiheit in Einklang zu bringen ist, erscheint zweifelhaft.

Die aufgezeigten Informationsmöglichkeiten stehen den Aufsichtsorganen für die Kontrolle der gesamten Anstaltstätigkeit zur Verfügung. Sie sind damit an sich auch für die Überwachung der Haus-

---

[440] So vor allem *Salzwedel* VVDStRL 22 S. 249 f., *Gönnenwein*, Gemeinderecht, S. 184 u. *Bremer*, Kammerrecht, S. 147 f. Demgegenüber gehen *Frick*, Staatsaufsicht Sparkassen, S. 174 f. u. *Fröhler* S. 62 von der Zulässigkeit einer umfassenden Kontrolle aus, weil anderenfalls der Aufsichtszweck nicht erreicht werden könne.

[441] *Salzwedel* S. 249.

[442] *Bremer* S. 148, *Fröhler* S. 63; a. A. allerdings *Salzwedel* S. 250 Anm. 118, der eine spezielle gesetzliche Ermächtigung fordert.

[443] Ausdrücklich: § 20 SWF-V. Ebenso allgemein *Bremer* S. 148 u. *Fröhler* S. 63.

[444] So trotz der Annahme eines unbeschränkten Informationsrechts auch *Fröhler* S. 63.

[445] § 7 IV SFB-S, §§ 9 III, 16 II 4 NDR-V, § 13 SWF-V, §§ 11 II, 17 IV WDR-G.

III. Aufsichtsmittel

halts- und Wirtschaftsführung gegeben[446]. Allerdings wird ihre Anwendung in der Regel nicht erforderlich sein, weil bereits die Rechnungshöfe die erforderlichen Informationen sammeln. Alle aufsichtsunterworfenen Anstalten unterliegen nämlich der staatlichen Rechnungskontrolle[447]. Stellen die Rechnungshöfe Rechtsverstöße fest, so nehmen sie derartige Beanstandungen in die Prüfungsbemerkungen und gegebenenfalls auch in die Denkschrift zur Gesamthaushaltsrechnung auf. Die festgestellten Unregelmäßigkeiten können die Aufsichtsorgane zum Anlaß nehmen, entweder weitere Nachforschungen anzustellen oder berichtigende Aufsichtsmaßnahmen treffen. Unter diesen Umständen bleibt auch für eine vorsorgliche Überprüfung des von den Anstalten erstellten Haushaltsplans grundsätzlich kein Raum[448]. Falls keine abweichenden Regelungen bestehen[449], kann deshalb die Vorlage des Haushaltsplans nur dann verlangt werden, wenn sich bei seiner Aufstellung Unregelmäßigkeiten ergeben hatten und die Gefahr besteht, daß sie sich wiederholen.

2. Vorbeugende Aufsichtsmittel

Von den vorbeugenden Aufsichtsmitteln kommt für den Bereich des Rundfunks allein die Beratung der Rundfunkanstalten durch die staatlichen Aufsichtsorgane in Betracht. Sie bietet den Aufsichtsorganen die Möglichkeit, durch rechtzeitiges Eröffnen und Erläutern ihres Rechtsstandpunktes einem ihrer Auffassung nach rechtswidrigen Verhalten der Anstalten von vornherein zu begegnen[450].

3. Berichtigende Aufsichtsmittel

Welche Möglichkeiten bestehen, berichtigend in die Anstaltstätigkeit einzugreifen, ist für die Mehrzahl der aufsichtsunterworfenen Anstalten ausdrücklich geregelt. Die Aufsichtsorgane können die Organe der Anstalten auf Rechtsverstöße hinweisen[451]. Zugleich setzen sie ihnen

---

[446] Eine ergänzende Ermächtigung, den Landesrechnungshof mit besonderen Prüfungen der Wirtschaftsführung zu beauftragen, gibt § 13 II 2 SFB-S. Kritisch hierzu *Wilkens* S. 117 Anm. 115.
[447] Vgl. hierzu im einzelnen unter VI dieses Kapitels.
[448] *Bremer* S. 146. Bedenklich deshalb § 17 II 2 SWF-V, wonach jeder Haushaltsplan den Aufsichtsorganen vorzulegen ist. *Wilkens* S. 116 sieht hierin „eine Möglichkeit des Regierungseinflusses mit allen ihren Gefahren".
[449] Wie in § 17 II 2 SWF-V.
[450] Die besondere Bedeutung der Beratung auf dem verwandten Gebiet der Kommunalverwaltung heben *Becker*, KommHdb. I, S. 168 f. u. *Wolff*, Verwaltungsrecht II, S. 155 hervor. Vor ihrer Überbetonung warnt allerdings *Gönnenwein* S. 186 Anm. 15.
[451] § 22 II, III NDR-V, § 34 SR-G, § 24 I, II WDR-G, § 22 II, III DLF/DW-G.

eine angemessene Frist, innerhalb derer das beanstandete Verhalten zu korrigieren ist. Auf welche Weise berichtigt wird, bleibt den Anstalten überlassen. Die Mängelrüge stellt sich allerdings noch nicht als Beanstandung im Rechtssinn dar. Sie kassiert oder suspendiert nicht, sondern konkretisiert lediglich die rechtlichen Bedenken des Aufsichtsorgans[452]. Die Anstalten brauchen deshalb nicht mit Rechtsmitteln gegen sie vorzugehen, sondern können sich auf Gegenvorstellungen beschränken. Nach fruchtlosem Fristablauf sind die Aufsichtsorgane berechtigt, die Anstalten anzuweisen, bestimmte Maßnahmen auf eigene Kosten durchzuführen oder rückgängig zu machen. Erst eine derartige Anordnung löst unmittelbare Rechtswirkungen aus. Sie verpflichtet die Anstalten, die erteilten Weisungen zu befolgen.

Abweichend ist das Beanstandungsverfahren für den Südwestfunk geregelt. Die Aufsichtsorgane können zwar ebenfalls Rechtsverletzungen rügen[453], dürfen aber keine Weisungen erteilen, wenn die Beanstandungen nicht behoben werden. Sie müssen vielmehr zur Durchsetzung ihres Rechtsstandpunktes Klage beim allgemeinen Verwaltungsgericht erheben[454]. Da der bloßen Androhung eines verwaltungsgerichtlichen Verfahrens keine unmittelbare rechtliche Wirkung zukommt und die Entscheidung über die Aufsichtsklage kein Akt der Verwaltung ist, fehlt es somit für den Südwestfunk an einer echten Eingriffsbefugnis der staatlichen Exekutive[455].

Die gesetzlichen Regelungen der berichtigenden Aufsichtsmittel sind als abschließend anzusehen[456]. Sie bringen den Willen der Rundfunkgesetzgeber zum Ausdruck, im Interesse eines möglichst weitgehenden Schutzes der Unabhängigkeit des Rundfunks keine stärkeren Eingriffsbefugnisse zuzulassen[457]. Neben der Ersatzvornahme entfallen damit insbesondere der Selbsteintritt der Aufsichtsorgane und die kommis-

---

[452] Arg. § 22 III 2 NDR-V, § 24 II WDR-G, § 22 III 2 DLF/DW-G u. Amtl. Begr. DLF/DW-G, BT-Drucks. III/1434 zu § 48. Ebenso allgemein *Bremer* S. 149 u. *Fröhler* S. 64. Dagegen *Gönnenwein* S. 87 u. *Salzwedel* VVDStRL 22 S. 250.

[453] Beanstandungen gegen den Haushaltsplan sind binnen drei Wochen nach seiner Vorlage durch die Staatsvertreter in den kollegialen Anstaltsorganen geltend zu machen (Art. 38 I SWF-S). Diese Regelung soll die rechtzeitige Verabschiedung des Haushalts sicherstellen (Nr. 6 d. Gemeinsamen Erklärung der Landesregierungen v. 27. 8. 1951, abgedruckt bei *Lüders* S. 253).

[454] § 21 I 2 SWF-V.

[455] So zu Recht *Salzwedel* S. 253. Der Verzicht auf berichtigende Aufsichtsmittel erklärt sich aus der bei Errichtung des SWF bestehenden Zurückhaltung gegenüber Einflußmöglichkeiten der Regierungen auf den Rundfunk (vgl. hierzu allgemein unter II 2 des 1. Kapitels).

[456] Ebenso allgemein *Salzwedel* S. 255.

[457] Zur Stufenfolge der Aufsichtsmittel im einzelnen *Wolff*, Verwaltungsrecht II, S. 98—102 u. *Salzwedel* S. 249—252.

sarische Organwaltung. Dagegen ist die Anwendung milderer Aufsichtsmittel nicht ausgeschlossen[458]. Sie kann sogar zwingend geboten sein, wenn die Beanstandung oder Anweisung ein Anstaltsorgan unverhältnismäßig stark belasten würde.

Soweit die Aufsichtsmittel in einzelnen Rundfunkordnungen nicht näher bestimmt werden[459], läßt sich daraus nicht schließen, daß sie unbeschränkt angewandt werden können. Das Neutralitätsgebot des BVerfG[460] setzt insoweit klare Grenzen. Darf die staatliche Exekutive keinen bestimmenden Einfluß auf die Anstaltstätigkeit nehmen, so sind damit auch alle Aufsichtsmaßnahmen unzulässig, durch die die Aufsichtsbehörde Funktionen der Anstaltsorgane an sich zieht und anstelle der Anstalt tätig wird. Dies gilt vor allem für die kommissarische Organwaltung, aber auch für den Selbsteintritt und die Ersatzvornahme[461]. Damit sind die Aufsichtsmittel auch ohne ausdrückliche Bestimmung auf ein Maß begrenzt, das den für die übrigen Anstalten getroffenen gesetzlichen Bestimmungen entspricht[462].

IV. Aufsichtsorgane

Für die Ausübung der Staatsaufsicht sind in der Regel die Regierungen zuständig[463]. Diese Abweichung vom Ressortprinzip trägt der besonderen Stellung der Rundfunkanstalten Rechnung. Als kollegiale Verfassungsorgane sollen die Regierungen eine ausgewogene und zurückhaltende Aufsichtsführung gewährleisten, damit die Unabhängigkeit des Rundfunks so weit wie irgend möglich gewahrt bleibt[464].

Besonderheiten in der Zuständigkeitsverteilung bestehen bei allen Mehrländeranstalten. Sie lassen sich auf zwei gegensätzliche Ordnungsprinzipien zurückführen.

---

[458] *Salzwedel* S. 255.
[459] SFB-G, ZDF-V.
[460] E 12, 205 (261 f.) u. unter I 2 b dieses Kapitels.
[461] Ebenso *Thieme* S. 97 für die Universitäten. *Salzwedel* S. 255 hält ganz allgemein bei allen Formen gesellschaftlicher Selbstverwaltung staatliche Reglements und den staatlichen Selbsteintritt für ausgeschlossen.
[462] Für den SFB folgt daraus, daß zumindest §§ 13, 28 V berlAZG auf ihn nicht anwendbar sind.
[463] § 22 I NDR-V, § 34 I SR-G, § 19 SWF-V, § 24 I WDR-G, § 25 Satz 1 ZDF-V, § 22 I DLF/DW-G. Abweichende Regelungen bestehen für den BR u. den SFB. Die Aufsicht über den BR führt das Staatsministerium für Unterricht und Kultur (§ 5 Nr. 4 d. VO über die Geschäftsverteilung der Bayerischen Staatsregierung vom 19. 12. 1956). Der SFB wird grundsätzlich vom Senator für Wissenschaft und Kunst, in Ausnahmefällen vom Senat von Berlin überwacht (§§ 6 V 2, 13 II 2 SFB-S). — Eine vergleichbare Regelung aus ähnlichen Erwägungen z. B. in § 12 I 1 d. G. über die Kreditanstalt f. Wiederaufbau i. d. F. v. 26. 7. 1957 (BGBl. I S. 745).
[464] So z. B. Amtl. Begr. DLF/DW-G, BT-Drucks. III/1434 zu § 48 d. Entw.

(1) Die Aufsicht über den Norddeutschen Rundfunk wird vom Grundsatz der gemeinsamen Verantwortung bestimmt. Die Regierungen der vertragsbeteiligten Länder wirken bei der Aufsichtsführung zusammen[465]. Hierbei wird allerdings zweckmäßigerweise eine Regierung federführend sein[466]. Aufsichtsmaßnahmen können jedoch nur von allen Ländern gemeinsam beschlossen werden. Derartige Entschließungen sind einstimmig zu fassen, weil die gemeinschaftliche Verantwortung für die Aufsichtsführung mangels abweichender Regelungen die Zustimmung aller Vertragsbeteiligten erfordert.

(2) Die Aufsicht über das Zweite Deutsche Fernsehen und den Südwestfunk wird demgegenüber aufgrund selbständiger Kontrollrechte der einzelnen vertragschließenden Länder geführt.

Beim Zweiten Deutschen Fernsehen ist jeweils eine Landesregierung für zwei Jahre aufsichtsberechtigt[467]. Sie nimmt während dieses Zeitraums die Aufsichtsrechte sämtlicher Vertragsländer treuhänderisch wahr[468]. Aus dem gemeinsamen Vertragszweck heraus ist sie zwar auch ohne ausdrückliche Regelung gehalten, im Benehmen mit den übrigen Vertragsbeteiligten tätig zu werden. Sie trägt aber die alleinige Verantwortung dafür, welche Aufsichtsmaßnahmen im einzelnen zu treffen sind.

Die Aufsicht über den Südwestfunk nähert sich der für das Zweite Deutsche Fernsehen gefundenen Lösung weitgehend an. Sie wird von jeweils einer Landesregierung für die Dauer einer Wahlperiode des Rundfunkrats im Benehmen mit den beiden anderen Regierungen ausgeübt[469]. Im Gegensatz zum Zweiten Deutschen Fernsehen hat jedoch jedes vertragsbeteiligte Land während der gesamten Vertragsdauer ein eigenes Beanstandungsrecht[470]. Es kann damit unabhängig von der jeweiligen Verteilung der Aufsichtsführung jederzeit selbständig gegen ein rechtswidriges Verhalten der Anstalt vorgehen.

---

[465] § 22 I NDR-V.
[466] Eine entsprechende ausdrückliche Regelung war in § 26 NWDR-V enthalten.
[467] § 25 Satz 2 ZDF-V (der Wechsel der Aufsichtsführung richtet sich nach der alphabetischen Reihenfolge der Länder).
[468] Diese Regelung ist verfassungsrechtlich umstritten. *Bachof*, Rechtsgutachten, S. 49 f. und *Lerche*, Rechtsgutachten, S. 38 f. (zitiert bei P. *Schneider*, Rechtsgutachten, S. 85 Anm. 1) sehen in ihr einen Verstoß gegen das Demokratieprinzip. Für sie fehlt es an einer ausreichenden demokratischen Kontrolle, wenn nur jeweils ein Länderparlament über die Ausübung der Staatsaufsicht wacht. P. *Schneider*, Rechtsgutachten, S. 74, 84 f. betrachtet dagegen das Turnussystem als zulässige Repräsentation eines „kooperativ einheitlichen Gesamtwillens" und als überaus praktikable Lösung. Die letztere Erwägung hat auch das BVerwG veranlaßt, einen Verstoß gegen das föderalistische Prinzip zu verneinen (E 22, 299, 309).
[469] § 19 SWF-V.
[470] § 21 SWF-V.

V. Rechtsschutz gegen Aufsichtsmaßnahmen

Gegen alle Anordnungen der aufsichtsführenden Organe können die Anstalten verwaltungsgerichtlichen Rechtsschutz beanspruchen (§ 40 I VwGO). Das ihnen verliehene Recht auf Selbstverwaltung wird verletzt, wenn sich die Aufsicht auf ein Gebiet erstreckt, das nicht Gegenstand der Staatsaufsicht ist, wenn das beanstandete Verhalten nicht gesetzwidrig ist oder wenn die Anordnung aus sonstigen Gründen rechtswidrig ist[471].

Verfahrensrechtliche Besonderheiten bestehen lediglich hinsichtlich der örtlichen Zuständigkeit. Diese ist für die Mehrländeranstalten Norddeutscher Rundfunk und Südwestfunk ausdrücklich in den Staatsverträgen geregelt[472]. Eines Widerspruchsverfahrens bedarf es nicht, da die Aufsichtsanordnungen von obersten Bundes- oder Landesbehörden erlassen werden und die Rundfunkordnungen nichts anderes bestimmen (§ 68 I Nr. 1 VwGO).

VI. Die Finanzkontrolle der Rechnungshöfe als Sonderform staatlicher Aufsicht

(1) Neben der Aufsicht durch die Regierungen unterliegen nahezu alle Rundfunkanstalten kraft ausdrücklicher Bestimmung in den Rundfunkordnungen der Finanzkontrolle der Rechnungshöfe[473]. Die Zulässigkeit dieser Kontrolle ist heute unbestritten[474]. Die Rechnungshöfe sind den Regierungen gegenüber selbständig und allein an das Gesetz gebunden. Ihre Aufgaben sind zudem streng sachbezogen. Damit ist eine ausreichende Gewähr dafür geboten, daß die von ihnen ausgeübte Kontrolle die Freiheit des Rundfunks nicht gefährdet. Aus dieser Erwägung sah man auch für die sonst aufsichtsfreien Rundfunkanstalten keinen Anlaß, sie der Rechnungskontrolle zu entziehen[475]. Eine Ausnahme macht insoweit lediglich der Süddeutsche Rundfunk. Der württemberg-badische Landesgesetzgeber befürchtete, die Übertragung von Kontrollbefugnissen an den Landesrechnungshof könne dahin ausgelegt werden, daß der Landesregierung ein mittelbarer Einfluß auf die Anstalt eingeräumt werde[476]. Er verzichtete deshalb auf eine staat-

---

[471] So z. B. *Fröhler*, Staatsaufsicht Handwerkskammern, S. 93.
[472] §§ 22 III 4 NDR-V, 2 VwGO: VG Hamburg; §§ 21 I 2 SWF-V, 2 VwGO: OVG Rheinland-Pfalz. Bei Maßnahmen gegen das ZDF richtet sich die Zuständigkeit danach, welche Landesregierung die Aufsicht führt.
[473] Art. 13 II 4 BR-G, § 19 HR-G, § 19 VI 1 NDR-V, § 30 I 1 SR-G, § 13 II 1 SFB-S, § 18 III SWF-V, § 22 III 1 WDR-G, § 24 III 1 ZDF-V, § 16 III 1 DLF/DW-G.
[474] *Wilkens*, Rundfunkaufsicht, S. 116.
[475] Amtl. Begr. HR-G, LT-Drucks. I/883 zu § 23.
[476] Begr. Antrag *Bernhard*, LT-Prot. I/S. 4897 f.

liche Finanzkontrolle und betraute statt dessen einen vom Rundfunkrat zu wählenden Wirtschaftsprüfer mit der Überprüfung des Jahresabschlusses[477].

Zweifelhaft ist, ob Radio Bremen der Finanzkontrolle des Landesrechnungshofs unterliegt. Das Rundfunkgesetz enthält keine ausdrückliche Regelung. Daraus könnte ebenso wie für die Regierungsaufsicht gefolgert werden, eine Finanzkontrolle solle nicht stattfinden. Andererseits zeigt jedoch das Beispiel des Hessischen Rundfunks, daß eine Anstalt der Aufsicht der Regierung entzogen, gleichwohl aber der Kontrolle des Rechnungshofs unterworfen sein kann. Hinzu kommt, daß für Radio Bremen anders als z. B. für den Süddeutschen Rundfunk keine sonstige Kontrolle der Haushalts- und Wirtschaftsführung durch eine unabhängige Stelle vorgesehen ist. Die Entstehungsgeschichte erlaubt ebenfalls keine klaren Schlüsse in der einen oder anderen Richtung. In einem dritten Änderungsgesetz zum Rundfunkgesetz, das der Senat bereits im Entwurf vorgelegt hatte, sollte u. a. auch die Einschaltung des Landesrechnungshofs in die Prüfung des Jahresabschlusses ausdrücklich vorgesehen werden[478]. Auf eine Verabschiedung dieses Teils des Gesetzesentwurfs wurde jedoch später kein Wert mehr gelegt. Daraus kann sich ergeben, daß es bei der Unzulässigkeit der Rechnungskontrolle bleiben sollte. Es ist aber auch denkbar, daß man eine ausdrückliche Regelung als überflüssig ansah, weil sich die Zulässigkeit der Finanzkontrolle bereits aus allgemeinen Bestimmungen ergab.

Hält man die letzere Auffassung für zutreffend, so kann ein Prüfungsrecht des Rechnungshofes nicht schon aus § 6 Nr. 1 bremRHG hergeleitet werden. Danach führt der Rechnungshof die Aufsicht über alle Körperschaften, d. h. alle juristischen Personen des öffentlichen Rechts, soweit ihnen gegenüber ein Aufsichts- und Prüfungsrecht der Freien Hansestadt Bremen festgelegt ist. Da nach der hier vertretenen Auffassung ein allgemeines Aufsichtsrecht Bremens über seine Rundfunkanstalt nicht besteht, scheidet diese Bestimmung für die Begründung der Zulässigkeit der Finanzkontrolle aus. Als Rechtsgrundlage käme damit allein § 4 I 1 der Verordnung über die Rechnungslegung und Rechnungsprüfung während des Krieges — Kriegskontrollgesetz — v. 5. 7. 1940 (RGBl. II S. 139) in Betracht, der abweichend von § 88 III RHO ein allgemeines Prüfungsrecht der Rechnungshöfe über alle juristischen Personen des öffentlichen Rechts vorsieht. Die VO gilt in Bremen als Landesrecht fort[479] und ließe damit eine Finanzkontrolle

---

[477] § 11 I SDR-S.
[478] Nachweis bei *Reichert*, Rundfunkautonomie, S. 75.
[479] *Helmert*, Haushaltswesen, S. 26. Vgl. hierzu auch die Amtl. Begr. BRHG (BAnz. Nr. 232 v. 1. 12. 1950 S. 3), in der die VO nicht nur als vorübergehende

VI. Finanzkontrolle

auch über Radio Bremen zu[480]. Falls der Gesetzgeber eine derartige Kontrolle gewollt hat, sollte ihre Zulässigkeit zur Klarstellung der Rechtslage ausdrücklich im Rundfunkgesetz festgelegt werden.

(2) Die Ausübung der Finanzkontrolle obliegt bei den Länderrundfunkanstalten grundsätzlich dem für das jeweilige Sendegebiet zuständigen Rechnungshof. Soweit mehrere Länder gemeinsam Träger einer Anstalt sind, ist die Zuständigkeit eines bestimmten Landesrechnungshofs begründet worden[481]. Die Bundesrundfunkanstalten kontrolliert der Bundesrechnungshof.

(3) Gegenstand der Kontrolle ist zumeist die Jahresrechnung[482], vereinzelt auch die gesamte Haushalts- und Wirtschaftsführung der Anstalt[483]. Der Prüfungsmaßstab ist nur gelegentlich ausdrücklich festgelegt[484]. Soweit keine speziellen Regelungen bestehen, muß auf die allgemeinen landes- oder bundesrechtlichen Vorschriften über die Haushaltsprüfung juristischer Personen des öffentlichen Rechts zurückgegriffen werden[485]. Danach erstreckt sich die Prüfung in sinngemäßer Anwendung von § 96 I Nr. 1—4 RHO oder entsprechender Vorschriften in den Errichtungsgesetzen der Landesrechnungshöfe in der Regel darauf, ob

    (a) der Haushaltsplan einschließlich der dazu gehörenden Unterlagen eingehalten ist,

    (b) die einzelnen Rechnungsbeträge sachlich und rechnerisch ordnungsmäßig begründet und belegt sind,

---

Kriegsmaßnahme, sondern als gesetzgeberische Festlegung einer Entwicklung gewertet wird, die sich aus praktischen Gründen als notwendig erwiesen habe.

[480] Auf diese Rechtsgrundlage stützt sich auch der Rechnungshof der Freien Hansestadt Bremen bei der von ihm über Radio Bremen ausgeübten Kontrolle.

[481] SWF u. ZDF: Rechnungshof von Rheinland-Pfalz (§ 18 III SWF-V; § 24 III 1 ZDF-V. i. V. mit § 21 III ZDF-S), NDR: Rechnungshof der Freien und Hansestadt Hamburg (§ 19 VI 1 NDR-V i. V. mit einem Beschluß der vertragsbeteiligten Landesregierungen).

[482] Art. 13 II 3 BR-G, § 13 II 1 SFB-S, § 19 HR-G, § 19 VI 1 NDR-V, § 18 III SWF-V, § 22 III 1 WDR-G.

[483] § 30 I 1 SR-G, § 24 III 1 ZDF-V, § 16 III 1 DLF/DW-G. *Wilkens* S. 116 f. hält diese Form der Aufsicht für verfassungswidrig, da sie durch die dem Staat obliegende Pflicht zur Erhaltung der Funktions- und Leistungsfähigkeit des Rundfunks nicht mehr gedeckt sei.

[484] Vgl. z. B. § 18 III SWF-V sowie § 67 IV der vorläufigen Finanzordnung des NDR.

[485] So z. B. § 5 berlRHG, § 10 I bremRHG, § 1 hessStaatshaushaltsO, §§ 10 Nr. 2, 12 I, III saarRHG, § 3 I nwRHG. Soweit der Umfang der Kontrolle für Mehrländeranstalten nicht speziell geregelt ist, richtet er sich nach den für den zuständigen Rechnungshof allgemein geltenden Vorschriften. Zu den Rechtsgrundlagen im einzelnen vgl. *Helmert* S. 21—26 u. *Vialon*, Haushaltsrecht, S. 1117—1153.

(c) bei der Gewinnung und Erhebung von Einnahmen sowie bei der Verwendung und Verausgabung von Mitteln der Anstalt, ferner bei der Erwerbung, Benutzung und Veräußerung von Eigentum der Anstalt nach den bestehenden Gesetzen und Vorschriften unter Beachtung der für den Rundfunk maßgebenden Verwaltungsgrundsätze und unter Beobachtung der gebotenen Wirtschaftlichkeit verfahren worden ist,

(d) nicht Einrichtungen unterhalten, Stellen aufrechterhalten oder in sonstiger Weise Mittel der Anstalt verausgabt worden sind, die ohne Gefährdung des Verwaltungszwecks hätten eingeschränkt oder erspart werden können.

(4) Das Prüfungsverfahren richtet sich, soweit besondere Vorschriften fehlen, ebenfalls nach den allgemeinen Grundsätzen der Haushaltsprüfung. Es wird mit einem Prüfungsbericht abgeschlossen. In diesem Bericht legt der Rechnungshof das Ergebnis seiner Prüfung dar. Er weist insbesondere auf Mängel von grundsätzlicher Bedeutung hin und führt an, in welchen Fällen der Intendant die an ihn gerichteten Erinnerungen nicht beachtet hat. Den Bericht, der die Grundlage für die Genehmigung der Jahresrechnung und die Entlastung des Intendanten bildet, leitet er entweder dem Rundfunkrat oder dem Verwaltungsrat oder auch beiden Organen zu. Stellen außerhalb der Anstalt wird der Bericht grundsätzlich nicht zugänglich gemacht. Dies gilt vor allem für die Regierungen. Bei den aufsichtsfreien Anstalten besteht für die Einsichtnahme des Berichts durch die staatliche Exekutive von vornherein kein Anlaß. Der Rechnungshof darf deshalb in seinen Prüfungsbemerkungen lediglich feststellen, daß er die Prüfung durchgeführt hat[486]. Auch bei den meisten aufsichtsunterworfenen Anstalten ist der Prüfungsbericht ausschließlich für den internen Gebrauch bestimmt[487]. Hierfür dürfte maßgebend gewesen sein, daß eine Rechtsaufsicht nicht die Offenlegung der gesamten Haushalts- und Wirtschaftsführung erfordert. Die Rechnungshöfe sind gehalten, Gesetzesverstöße von einiger Bedeutung in ihre Prüfungsbemerkungen aufzunehmen. Außerdem können die Präsidenten der Rechnungshöfe in ihren Denkschriften zur Haushaltsrechnung auf derartige Beanstandungen eingehen. Diese Möglichkeiten reichen aus, um Regierung und Parlament von rechtlich erheblichen Unregelmäßigkeiten in der Haushalts- und Wirtschaftsführung zu unterrichten.

Etwas anderes gilt insoweit allerdings für den Saarländischen Rundfunk und das Zweite Deutsche Fernsehen. Für sie ist ausdrücklich vorgesehen, daß der für die Anstalt erstellte Prüfungsbericht auch den

---

[486] So z. B. die ständige Praxis des Rechnungshofs des Landes Hessen.
[487] Art. 7 III Nr. 5 BR-G, § 19 VI 2 NDR-V, § 22 III 2 WDR-G. Das gleiche dürfte aus den für diese Regelung angeführten Gründen auch für den SFB gelten.

Regierungen zugeleitet wird[488]. Bei ihnen erhält damit auch die staatliche Exekutive einen vollständigen Überblick über die Prüfungsergebnisse.

Die Rechnungshöfe haben keine Möglichkeit, die Beachtung der im Prüfungsbericht enthaltenen Bemerkungen mit Zwangsmitteln durchzusetzen. Sie können auch über die Anstalten, deren Organe ausdrücklich an die Prüfungsbemerkungen gebunden sind[489], keinerlei Sanktionen verhängen. Aufsichtsmaßnahmen dürfen vielmehr allein von den Regierungen veranlaßt werden, soweit ihnen ein Aufsichtsrecht eingeräumt ist und es um die Beseitigung von Rechtsverstößen geht. Ist dagegen die Staatsaufsicht ausgeschlossen oder beziehen sich die Prüfungsbemerkungen auf einen Vorgang, der nicht der Rechtsaufsicht unterliegt, so haben die Prüfungsberichte lediglich den Charakter einer gutachtlichen Äußerung, deren Beachtung im pflichtgemäßen Ermessen der Anstaltsorgane liegt.

---

[488] § 30 II SR-G, § 24 III 2 ZDF-V. Für die Bundesrundfunkanstalten dürfte die Vorlage des Berichts wegen der Regelung des § 16 III 2 DLF/DW-G ebenfalls zulässig sein.

[489] Spezielle Regelung in den Rundfunkordnungen: § 16 III 2 DLF/DW-G.

Schlußbetrachtung

In seinem Fernsehurteil geht das BVerfG bei der Erörterung der gegenwärtigen Organisation des Rundfunks davon aus, daß die bestehenden Rundfunkanstalten nach einem einheitlichen Organisationsschema aufgebaut sind. Es erkennt übereinstimmende Strukturmerkmale vor allem in der Gliederung der kollegialen Organe, die „faktisch in angemessenem Verhältnis aus Repräsentanten aller bedeutsamen politischen, weltanschaulichen und gesellschaftlichen Gruppen zusammengesetzt" seien (E 12, 205, 261 f.). Diese Feststellung wird vom Ergebnis der vorliegenden Darstellung nicht bestätigt. Gerade am Aufbau der Kollegialorgane, aber auch an der Kompetenzverteilung innerhalb der Anstalten und den Regelungen der über die Anstalten geführten Staatsaufsicht wird deutlich, daß es keine einheitliche Anstaltsorganisation gibt. Vielmehr stehen sich mit dem *pluralistischen* und dem *staatlich-politischen* Anstaltstyp zwei divergierende Organisationsformen gegenüber, denen gegensätzliche Ordnungsvorstellungen zugrunde liegen.

Dem *pluralistischen* Anstaltstyp können alle frühen Anstalten (Bayerischer Rundfunk, Hessischer Rundfunk, Radio Bremen, Süddeutscher Rundfunk) zugeordnet werden. Ihre Organisation wird vom Leitbild der gesellschaftlichen Funktionen des Rundfunks geprägt, das die von den Alliierten diktierte Rundfunkpolitik der ersten Nachkriegsjahre bestimmt hat. Die Verantwortung für den Rundfunk ist deshalb in erster Linie der Gesellschaft anvertraut worden. Gesellschaftliche Gruppen und Einrichtungen haben einen maßgeblichen Einfluß auf die Besetzung des Rundfunkrats. Ihnen sind unmittelbare Wahl- oder Entsendungsrechte eingeräumt. Damit sind sie im Gegensatz zur Darstellung des BVerfG nicht nur faktisch, sondern kraft eigenen Rechts an der Bildung und Zusammensetzung des obersten Anstaltsorgans beteiligt. Zugleich üben sie die wichtigsten Kreations- und Kontrollfunktionen aus. Der von ihnen beherrschte Rundfunkrat wählt den Intendanten, überwacht dessen Programmtätigkeit und führt die abschließende Kontrolle über die Haushalts- und Wirtschaftsführung der Anstalt. Der Verwaltungsrat, dessen Mitglieder überwiegend vom Rundfunkrat gewählt werden, ist auf die Beaufsichtigung der laufenden wirtschaftlichen und technischen Geschäftsführung des Intendanten beschränkt. Die Kontrollbefugnisse beider Kollegialorgane sind ihrem Umfang und ihrer Intensität nach so begrenzt, daß dem Intendanten in seiner gesamten Geschäftsführung ein breiter Handlungsspielraum verbleibt. Seine Unabhängigkeit wird ebenso wie die der übrigen Organe weiterhin dadurch gefördert, daß die Anstalt nicht der Staatsaufsicht unterliegt. Darin liegt zugleich eine weitere Sicherung der gesellschaftlichen Funktionen des Rundfunks.

Das Modell der pluralistisch kontrollierten Anstalt ist bei nahezu allen späteren Anstaltsgründungen durch einen Organisationstyp ersetzt worden, der vornehmlich *staatlich-politische* Merkmale aufweist. Dieser Wandel bahnte sich bereits bei den Anstalten an, die während des allmählichen Übergangs der alleinigen Rundfunkverantwortung auf die deutschen Gesetzgeber entstanden sind (Südwestfunk, Sender Freies Berlin), und setzte sich für alle nach Aufhebung des Besatzungsstatuts errichteten Anstalten verstärkt fort. Darin kommt die Vorstellung der deutschen Rundfunkverantwortlichen zum Ausdruck, daß der Rundfunk kein gesellschaftliches Anliegen, sondern eine hoheitliche Aufgabe ist, deren Erfüllung der Staat sicherzustellen hat. Wichtigste Auswirkung dieses veränderten Leitbildes auf die Anstaltsorganisation ist, daß der Rundfunkrat nunmehr in erster Linie von staatlichen Organen gebildet wird, die in der Regel aufgefordert sind, für eine vornehmlich politische Gliederung zu sorgen. Damit ist für die meisten der in dieser Entwicklungsperiode entstandenen Anstalten jedenfalls nach dem Willen der Rundfunkgesetzgeber für die vom BVerfG angenommene faktische pluralistische Zusammensetzung des obersten Kollegialorgans kein Raum. Das gleiche gilt auch für den Verwaltungsrat, dessen Mitglieder vom Rundfunkrat gewählt werden. In der Kompetenzverteilung läßt sich eine Verlagerung der wichtigsten Funktionen vom Rundfunkrat auf den Verwaltungsrat erkennen. Der Verwaltungsrat ist an der Wahl des Intendanten zumindest beteiligt und überwacht dessen gesamte Geschäftsführung. Gegenüber dem Intendanten sind die Befugnisse beider Kollegialorgane so vermehrt worden, daß er erheblichen Beschränkungen unterliegt. Die Anstaltsleitung kann damit von den in den Kollegialorganen vertretenen politischen Kräften weitgehend kontrolliert werden. Ein weiterer Schritt in Richtung einer „Verstaatlichung" des Rundfunks ist schließlich darin zu sehen, daß alle Anstalten einer staatlichen Rechtsaufsicht unterworfen sind.

Die zeitliche Entwicklung beider Anstaltsformen läßt erkennen, daß die zunächst dominierenden gesellschaftlichen Kräfte zunehmend von staatlichen Organen verdrängt worden sind. Waren es zunächst die Parlamente, so sind es nunmehr die Regierungen, die das Rundfunkgeschehen maßgeblich beeinflussen. Bemerkenswert ist, daß davon auch das Zweite Deutsche Fernsehen nicht ausgenommen ist. Für diese jüngste Anstaltsgründung waren die im Fernsehurteil des BVerfG entwickelten Ordnungsgebote, die eine eindeutig pluralistische Grundordnung des Rundfunks fordern, von besonderer Aktualität. Gleichwohl sind bei ihr die Befugnisse der Regierungen auf ein Maß gesteigert worden, das bei keiner anderen Anstalt auch nur annähernd erreicht wird. Es ist deshalb allgemein zu erwarten, daß der Einfluß des Staates auf den Rundfunk auch in Zukunft eher stärker als schwächer werden wird.

Anhang

I. Rechtsgrundlagen*

1. Bayerischer Rundfunk

Gesetz über die Errichtung und die Aufgaben einer Anstalt des öffentlichen Rechts „Der Bayerische Rundfunk" v. 10. 8. 1948 (GVBl. 135).

1. ÄnderungsG v. 17. 3. 1950 (GVBl. 57).
2. ÄnderungsG v. 22. 12. 1959 (GVBl. 311).

Neubek. v. 22. 12. 1959 (GVBl. 314).

Erste Verordnung zur Durchführung des Gesetzes über die Errichtung und die Aufgaben einer Anstalt des öffentlichen Rechts „Der Bayerische Rundfunk" v. 20. 1. 1960 (GVBl. 2).

1. ÄnderungsVO v. 8. 3. 1960 (GVBl. 27).
2. ÄnderungsVO v. 30. 1. 1962 (GVBl. 11).

Satzung des Bayerischen Rundfunks v. 9. 7. 1964 (erlassen vom Rundfunkrat mit Zustimmung des Verwaltungsrats; nicht veröffentlicht).

2. Hessischer Rundfunk

Gesetz über den Hessischen Rundfunk v. 2. 10. 1948 (GVBl. 123).

1. ÄnderungsG v. 6. 2. 1962 (GVBl. 21).

Satzung des Hessischen Rundfunk v. 2. 7. 1949 (hessStAnz. 357) i. d. F. des Beschlusses v. 28. 11. 1959 (hessStAnz. 1960, 246); erlassen vom Rundfunkrat.

3. Norddeutscher Rundfunk

Staatsvertrag über den Norddeutschen Rundfunk (NDR) v. 16. 2. 1955 (hambGVBl. 198, ndsGVBl. 167, schlGVBl. 92).

Satzung des Norddeutschen Rundfunks v. 2. 3. 1956 (hambGVBl. II 347, ndsGMBl. 326, schlhABl. 183) i. d. F. des Beschlusses v. 31. 3. 1962 (hambGVBl. II 1962, 485; ndsGMBl. 1962, 402; schlhABl. 1962, 215); erlassen vom Rundfunkrat.

4. Radio Bremen

Gesetz über die Errichtung und die Aufgaben einer Anstalt des öffentlichen Rechts — „Radio Bremen" v. 22. 11. 1948 (GBl. 225).

1. ÄnderungsG v. 28. 2. 1949 (GBl. 39).

---

* Texte der Rundfunkordnungen bei *Delp*, Das gesamte Recht d. Presse, d. Buchhandels, d. Rundfunks u. d. Fernsehens, unter Nr. 439—462, u. *Herrmann*, Rundfunkgesetze, S. 13—228.

2. ÄnderungsG v. 12. 5. 1949 (GBl. 101).

Verordnung über das Inkrafttreten des Gesetzes über die Errichtung und die Aufgaben einer Anstalt des öffentlichen Rechts — „Radio Bremen" v. 14. 3. 1949 (GBl. 45).

5. Saarländischer Rundfunk

Gesetz Nr. 806 über die Veranstaltung von Rundfunksendungen im Saarland (GVRS) v. 2. 12. 1964 (ABl. 1111).

1. ÄnderungsG Nr. 824 v. 16. 12. 1965 (ABl. 1966, 49).

Verordnung über die Durchführung des Gesetzes über die Veranstaltung von Rundfunksendungen im Saarland v. 22. 12. 1964 (ABl. 1131).

6. Sender Freies Berlin

Gesetz über die Errichtung einer Rundfunkanstalt „Sender Freies Berlin" v. 12. 11. 1953 (GVBl. 1400).

1. ÄnderungsG v. 22. 12. 1956 (GVBl. 1957, 1).
2. ÄnderungsG v. 23. 10. 1964 (GVBl. 1152).
3. ÄnderungsG v. 1. 8. 1966 (GVBl. 1162).
4. ÄnderungsG v. 23. 5. 1967 (GVBl. 782).

Neubek. v. 23. 5. 1967 (GVBl. 782).

Satzung der Rundfunkanstalt „Sender Freies Berlin" (= Anlage zum Rundfunkgesetz).

7. Süddeutscher Rundfunk

Gesetz Nr. 1096 — Rundfunkgesetz — v. 21. 11. 1950 (wbRegBl. 1951, 1).

1. ÄnderungsG Nr. 1113 v. 2. 8. 1951 (wbRegBl. 63).

Satzung für den „Süddeutschen Rundfunk" in Stuttgart (= Anlage zum Rundfunkgesetz).

8. Südwestfunk

Staatsvertrag über den Südwestfunk v. 27. 8. 1951 i. d. F. des Staatsvertrages v. 29. 2. 1952 (badGVBl. 1952, 40, rhpfGVBl. 1952, 71, whzRegBl. 1952, 27).

Änderungsvertrag v. 27. 2./16. 3. 1959 (bwGVBl. 56 rhpfGVBl. 109).

Satzung des Südwestfunks v. 20. 6. 1952 (BAnz. Nr. 38 S. 15) i. d. F. des Beschlusses v. 22. 5. 1964 (BAnz. Nr. 102 S. 10); erlassen vom Rundfunkrat und Verwaltungsrat.

9. Westdeutscher Rundfunk

Gesetz über den „Westdeutschen Rundfunk Köln" v. 25. 5. 1954 (nwGVBl. 151).

Erste Verordnung zum Gesetz über den „Westdeutschen Rundfunk Köln" v. 2. 2. 1956 (nwGVBl. 99).

1. ÄnderungsVO v. 17. 4. 1962 (nwGVBl. 210).

Satzung des Westdeutschen Rundfunks Köln v. 27. 1. 1956 (nwGVBl. 107); erlassen vom Rundfunkrat.

10. Zweites Deutsches Fernsehen

Staatsvertrag über die Errichtung der Anstalt des öffentlichen Rechts „Zweites Deutsches Fernsehen" v. 6. 6. 1961 (bwGVBl. 215; bayGVBl. 1962, 111; berlGVBl. 1641; bremGBl. 1962, 49; hambGVBl. 1962, 5; hessGVBl. 199; ndsGVBl. 1962, 9; nwGVBl. 269; rhpfGVBl. 179; saarABl. 1962, 67; schlhGVBl. 169).

Satzung der gemeinnützigen Anstalt des öffentlichen Rechts „Zweites Deutsches Fernsehen" v. 2. 4. 1962 (bayStAnz. Nr. 51/52 S. 4, rhpfStAnz. Nr. 38 S. 10); erlassen vom Fernsehrat.

11. Deutschlandfunk

Gesetz über die Errichtung von Rundfunkanstalten des Bundesrechts v. 29. 11. 1960 (BGBl. I, 862; berlGVBl. 1153).

Satzung des „Deutschlandfunks" v. 1. 9. 1961 (BAnz. Nr. 174 S. 11); erlassen vom Rundfunkrat und Verwaltungsrat.

12. Deutsche Welle

Gesetz über die Errichtung von Rundfunkanstalten des Bundesrechts v. 29. 11. 1960 (BGBl. I, 862, berlGVBl. 1153).

Satzung der „Deutschen Welle" v. 22. 2. 1962 i. d. F. d. Beschlusses v. 28. 8./ 9. 10. 1964 (nicht veröffentlicht); erlassen vom Rundfunkrat und Verwaltungsrat.

II. Materialien*

1. Bayerischer Rundfunk

a) Amtl. Begr. BR-G 1948, Verhandlungen bayLT I/Beilage 1225.
Mündl. Ber. d. Aussch. f. Kulturpolitische Fragen zum BR-G 1948, Verhandlungen bayLT I/Sten. Ber. Bd. II S. 1773—1776.

b) Mündl. Ber. d. Aussch. f. Kulturpolitische Fragen zum ÄnderungsG 1950, Verhandlungen bayLT I/Sten. Ber. Bd. V S. 852—856.

Berichte d Aussch. f. Rechts- und Verfassungsfragen zum ÄnderungsG 1950, Verhandlungen bayLT I/Sten. Ber. Bd. V S. 856—857 u. Bd. VI S. 14—15.

c) Mündl. Ber. d. Aussch. f. Kulturpolitische Fragen zum ÄnderungsG 1959, Verhandlungen bayLT IV/Sten. Ber. S. 1040—1044.

Mündl. Ber. d. Aussch. f. Rechts- und Verfassungsfragen zum ÄnderungsG 1959, Verhandlungen bayLT IV/Sten. Ber. S. 1044—1045.

2. Hessischer Rundfunk

Amtl. Begr. HR-G, hessLT I/Drucks. Abt. I Nr. 883 S. 1094—1099.

Mündl. Begr. HR-G, hessLT I/Drucks. Abt. III Nr. 45 S. 1593—1594.

---

* Die Gesetzesmaterialien sind nur insoweit berücksichtigt, als ihnen wesentliche Aussagen über die gegenwärtige Rundfunkorganisation entnommen werden können.

Schriftl. Ber. d. Besonderen Aussch. (Neunerausschuß), hessLT I/Drucks. Abt. II Nr. 478 S. 553—563.

Mündl. Begr. v. Änderungsanträgen zum HR-G, hessLT I/Drucks. Abt. III Nr. 46 S. 1658—1661.

3. Norddeutscher Rundfunk

Amtl. Begr. NDR-V:

Mitteilung d. Senats an die Bürgerschaft zu Hamburg Nr. 43 v. 16. 2. 1955 S. 10—16.

Verhandlungen ndsLT III/Drucks. Nr. 1820 S. 4239—4243; schlhLT III/Drucks. Nr. 142 S. 13—19.

Mündl. Begr. ZustG NDR-V, Verhandlungen ndsLT II/Sten. Ber. Sp. 6310 bis 6316.

4. Radio Bremen

a) Amtl. Begr. RB-G 1948, Mitteilungen d. Senats v. 15. 10. 1948 S. 177—178.

Schriftl. Ber. d. Deputation f. Kunst u. Wissenschaft zum RB-G 1948, Mitteilungen d. Senats v. 8. 11. 1948 S. 187—189.

b) Amtl. Begr. 1. ÄnderungsG 1949, Mitteilungen d. Senats v. 18. 2. 1949 S. 27.

Lesung 1. ÄnderungsG 1949, Bremische Bürgerschaft I/Sten. Ber. S. 431—436.

5. Saarländischer Rundfunk

Amtl. Begr. SR-G, saarLT IV/Drucks. Nr. 800 S. 33—52.

Mündl. Ber. d. Aussch. f. Kulturpolitik u. f. Jugendfragen, saarLT IV/Sten. Ber. S. 1963—1966.

6. Sender Freies Berlin

a) Amtl. Begr. SFB-S 1953, AH v. Berlin I/Drucks. Nr. 2203 S. 3—5.

Mündl. Begr. SFB-G 1953, AH v. Berlin I/Sten. Ber. S. 583—584.

b) Amtl. Begr. ÄnderungsG 1956, AH v. Berlin II/Drucks. 944 S. 5—6.

Mündl. Begr. ÄnderungsG 1956, AH v. Berlin II/Sten. Ber. S. 632—633.

Mündl. Ber. d. Aussch. f. Film — Funk — Presse, AH v. Berlin II/Sten. Ber. S. 687—689.

c) Amtl. Begr. ÄnderungsG 1964, AH v. Berlin IV/Drucks. 648 S. 2.

7. Süddeutscher Rundfunk

a) Mündl. Ber. d. Ständigen Aussch. zum SDR-G 1949, Verhandlungen wbLT I/Sten. Ber. S. 2871—2873.

b) Mündl. Begr. SDR-G 1950 nebst Beratung von Änderungsanträgen, Verhandlungen wbLT I/Sten. Ber. S. 4891—4898.

c) Mündl. Ber. d. Ständigen Aussch. zum ÄnderungsG 1951, Verhandlungen wbLT II/Sten. Ber. S. 1348—1349.

8. Südwestfunk

Mündl. Begr. ZustG SWF-V, Verhandlungen badLT I/4. Sitzungsperiode, 7. Sitzung S. 14—15.

Amtl. Begr. ZustG SWF-V, rhpfLT II/Drucks. Abt. II Nr. 48 S. 105.

Amtl. Begr. ZustG SWF-V, whzLT II/Beilage Nr. 723 S. 797—798.

Gemeinsame Erklärung der Länderregierungen von Rheinland-Pfalz, Baden u. Württemberg-Hohenzollern zum SWF-V v. 27. 8. 1951*.

9. Westdeutscher Rundfunk

Amtl. Begr. WDR-G, nwLT II/Drucks. 1414 S. 11—18.

10. Zweites Deutsches Fernsehen

Unter den Amtl. Begr. der ZustGe ZDF-V, die in der Regel sehr kurz gefaßt sind, können folgende ausführliche Fassungen hervorgehoben werden:

AH v. Berlin III/Drucks. 1079 S. 5—9 und saarLT IV/Drucks. 103 S. 1—9.

Eine eingehende mündl. Begr. eines ZustG lediglich in:

Verhandlungen bwLT III/Prot. S. 2007—2013.

11. Deutschlandfunk, Deutsche Welle

Amtl. Begr. DLF/DW-G, Verhandlungen BT III/Drucks. 1434 S. 18—25.

Erster Schriftlicher Ber. d. Aussch. f. Kulturpolitik u. Publizistik (8. Ausschuß) zum DLF/DW-G, Verhandlungen BT III/Drucks. 1956 S. 2—4.

Mündl. Begr. d. Änderungsvorschläge d. Aussch. nach Art. 77 GG (Vermittlungsausschuß), Verhandlungen BT III/Sten. Ber. Sp. 7434 A — 7435 B.

---

* Abgedruckt bei *Lüders*, Presse- u. Rundfunkrecht, S. 251—254. Der rhpfLT hat durch Beschluß v. 12. 10. 1951 (Sten. Ber. S. 281) von dieser Erklärung zustimmend Kenntnis genommen.

Schrifttumsverzeichnis

Albath, Jürgen: Die Organisation der Rundfunkträger. Göttinger Diss. 1953.

Apelt, Willibald: Ist der Betrieb des Rundfunks im heutigen Deutschland öffentliche Verwaltung? In: Vom Bonner Grundgesetz zur gesamtdeutschen Verfassung, Festschrift für Hans Nawiasky, München 1960, S. 375—384.

Bachof, Otto: Rechtsgutachten zur Verfassungsmäßigkeit des Staatsvertrages vom 6. Juni 1961 über die Errichtung der Anstalt „Zweites Deutsches Fernsehen" sowie zu deren Anspruch auf Abführung eines Anteils am Fernsehgebührenaufkommen gegen den „Bayerischen Rundfunk". In: Schriftenreihe des Zweiten Deutschen Fernsehens, Heft 2.

Becker, Erich: Die Selbstverwaltung als verfassungsrechtliche Grundlage der kommunalen Ordnung in Bund und Ländern. In: Handbuch der kommunalen Wissenschaft und Praxis, Bd. I, Berlin - Göttingen - Heidelberg 1956, S. 113—184.

Bettermann, Karl August: Die Unabhängigkeit der Gerichte und der gesetzliche Richter. In: Bettermann-Nipperdey-Scheuner „Die Grundrechte" Bd. III/2, Berlin 1959, S. 523—642.

— Rundfunkfreiheit und Rundfunkorganisation. DVBl. 1963 S. 41—44.

Brack, Hans: Die organisatorische Entwicklung von Hörfunk und Fernsehen in Nord- und Westdeutschland von 1948—März 1961. In: Brack-Herrmann-Hillig, Organisation des Rundfunks 1948—1962, Hamburg 1962, S. 35—38.

Breitling, Rupert: Die Verbände in der Bundesrepublik. Weisenheim 1955.

Bremer, Heinz: Kammerrecht der Wirtschaft. Berlin 1960.

Dagtoglou, Prodromos: Kollegialorgane und Kollegialakte der Verwaltung. Stuttgart 1960.

— Der Private in der Verwaltung als Fachmann und Interessenvertreter. Heidelberg 1964.

Delp, Ludwig: Das gesamte Recht der Presse, des Buchhandels, des Rundfunks und des Fernsehens, Bd. IV. Berlin u. Neuwied a. Rh. (Loseblattsammlung, Stand: 25. 7. 1966).

Düwel, Peter: Das Amtsgeheimnis. Berlin 1965.

Fichtmüller, Carl Peter: Zulässigkeit ministerialfreien Raums in der Bundesverwaltung. AöR Bd. 91 (1966) S. 297—355.

Forsthoff, Ernst: Lehrbuch des Verwaltungsrechts, Bd. I. 6. u. 9. Aufl., München u. Berlin 1956, 1966.

Frick, Heinrich: Die Staatsaufsicht über die kommunalen Sparkassen. Berlin 1962.

Fröhler, Ludwig: Die Staatsaufsicht über die Handwerkskammern. München u. Berlin 1957.

Glum, Friedrich: Der Reichswirtschaftsrat. In: Anschütz-Thoma, Handbuch des Deutschen Staatsrechts Bd. I. Tübingen 1930 S. 578.

Gönnenwein, Otto: Gemeinderecht. Tübingen 1963.

Häberle, Peter: Besprechung der Monographie Dagtoglous „Der Private in der Verwaltung als Fachmann und Interessenvertreter". AöR. Bd. 90 (1965) S. 381—388.

Haensel, Carl: Staat und Rundfunk. DVBl. 1957 S. 446—452.

Hans-Bredow-Institut (Hrsg.): Internationales Handbuch für Rundfunk und Fernsehen 1967/68. Hamburg 1967.

Helmert, Otto: Haushalts-, Kassen- und Rechnungswesen. Berlin 1961.

Hengstberger, Klaus-Georg: Die Rundfunkgebühr. Heidelberger Diss. 1956.

Herrmann, Günter: Zur Entwicklung der Rundfunkorganisation in der Bundesrepublik Deutschland. In: Brack-Herrmann-Hillig, Organisation des Rundfunks 1948—1962, Hamburg 1962, S. 59—91.

— Die Rundfunkanstalt, AöR Bd. 90 (1965) S. 286—340.

— Rundfunkgesetze (Textsammlung). Köln - Berlin - Bonn - München 1966.

Herzog, Roman: Das Verbandswesen im modernen Staat. In: Gesellschaft und Politik NF Heft 3/1965 S. 4—22.

— Inkompatibilität: In: Evangelisches Staatslexikon, Stuttgart - Berlin 1966, Sp. 787 f.

Hillig, Hans-Peter: Werdegang und Organisation des zweiten Fernsehprogramms. In: Brack-Herrmann-Hillig, Organisation des Rundfunks 1948—1962, Hamburg 1962, S. 93—108.

Hirsch, Joachim: Die öffentlichen Funktionen der Gewerkschaften. Stuttgart 1966.

Holzamer, Karl: Kulturpolitik und Rundfunkorganisation. RuF 1955 S. 374 bis 378.

Huber, Ernst Rudolf: Wirtschaftsverwaltungsrecht Bd. I. 1. Aufl., Tübingen 1953.

— Selbstverwaltung der Wirtschaft. Stuttgart 1958.

Huber, Hans: Staat und Verbände. Tübingen 1958.

Jank, Klaus Peter: Die Verfassung der deutschen Rundfunkanstalten. DVBl. 1963 S. 44—50.

Jecht, Hans: Die Öffentliche Anstalt. Berlin 1963.

Kaiser, Joseph H.: Die Repräsentation organisierter Interessen. Berlin 1956.
— Die Dialektik der Repräsentation. Festschrift für Carl Schmitt, Berlin 1959, S. 71—80.

Klinge, Erich: Die Organisation des Rundfunks als Rechtsproblem. Mainzer Diss. 1955.

Köttgen, Arnold: Der Einfluß des Bundes auf die deutsche Verwaltung und die Organisation der bundeseigenen Verwaltung. JÖR N. F. Bd. 11 (1962).

Krause-Ablass, Günter B.: Die Bedeutung des Fernsehurteils des Bundesverfassungsgerichts für die Verfassung des deutschen Rundfunks. JZ 1962 S. 158—162.

Krüger, Herbert: Der Rundfunk und die politisch-sozialen Gruppen. RuF 1955 S. 365—374.
— Allgemeine Staatslehre, 2. Aufl., Stuttgart 1966.

Küchenhoff, Günther: Die Rechtsstellung des Bayerischen Senats. DÖV 1967 S. 79—81.

Leibholz, Gerhard: Das Wesen der Repräsentation. 3. (durch einen Vortrag erweiterte) Aufl., Berlin 1966.
— Staat und Verbände. VVDStRL H. 24 (1966) S. 5—33.

Leiling, Otto Heinrich: Die Rundfunkfreiheit. RuH 1953/54 S. 193—208.
— Einfluß des Staates auf die öffentliche Meinung. In: Vom Bonner Grundgesetz zur gesamtdeutschen Verfassung. Festschrift für Hans Nawiasky, München 1956, S. 385—393.

Lenz, Helmut: Rundfunkorganisation und öffentliche Meinungsbildungsfreiheit. JZ 1963 S. 338—350.

Lerche, Peter: Zum Kompetenzbereich des Deutschlandfunks. Berlin 1963.

Loehning, Curt: Unabhängigkeit des Rundfunks. DÖV 1953 S. 193—198 u. S. 264—267.

Lüders, Carl-Heinz: Presse- und Rundfunkrecht (Textsammlung). Berlin u. Frankfurt a. M. 1952.

Mallmann, Walter: Einige Bemerkungen zum heutigen Stand des Rundfunkrechts. JZ 1963 S. 350—353.

Magnus, Kurt: Der Rundfunk in der Bundesrepublik und West-Berlin. Frankfurt a. M. 1955.

Meyer, Rolf: Die Wahl und Ernennung der gemeindlichen Wahlbeamten in der Bundesrepublik. Berlin 1964.

Nordwestdeutscher Rundfunk, Rundfunkschule: Der Rundfunk im politischen und geistigen Raum des Volkes. Hamburg o. Jg. (Protokoll der Tagung für Wissenschaftler, Politiker und Persönlichkeiten des öffentlichen Lebens in Hamburg am 6. u. 7. 6. 1952).

Peters, Hans: Grenzen der kommunalen Selbstverwaltung in Preußen. Berlin 1962.
— Die Rechtslage von Rundfunk und Fernsehen nach dem Urteil des Bundesverfassungsgerichts vom 28. Februar 1961. Gütersloh 1961.

Pfennig, Gerhard: Der Begriff des öffentlichen Dienstes und seiner Angehörigen. Berlin 1960.

Radio Bremen: 40 Jahre Rundfunk in Bremen. Bremen 1964.

Reichert, Hans Ulrich: Der Kampf um die Autonomie des deutschen Rundfunks. Heidelberg u. Stuttgart 1955.

Ridder, Helmut K. J.: Meinungsfreiheit. In: „Neumann-Nipperdey-Scheuner „Die Grundrechte" Bd. II, Berlin 1954, S. 243—290.
— Kirche — Staat — Rundfunk. Frankfurt a. M. 1958.

Salzwedel, Jürgen: Staatsaufsicht in der Verwaltung. VVDStRL H. 22 (1965) S. 206—263.

Schefold, Dian: Eine neue Staatslehre. Zeitschrift für Schweizerisches Recht Bd. 84 (1965) S. 263—289.

Scheuner, Ulrich: Das repräsentative Prinzip in der modernen Demokratie. In: Verfassungsrecht und Verfassungswirklichkeit. Festschrift für Hans Huber, Bern 1961, S. 222—246.
— Die Zuständigkeit des Bundes im Bereich des Rundfunks (Rechtsgutachten). In: Der Fernsehstreit vor dem Bundesverfassungsgericht, Bd. 1, S. 314—356.
— Pressefreiheit. VVDStRL H. 22 (1965) S. 1—91.
— Politische Repräsentation und Interessenvertretung. DÖV 1965 S. 577—581.

Schmidt, Walter: Großkommentar zum Aktiengesetz 1937, 2. Aufl., Berlin 1961, zu §§ 70—83.

Schmitt, Carl: Verfassungslehre. München u. Leipzig 1928.

Schmölders, Günter: Das Selbstbild der Verbände. Berlin 1965.

Schneider, Peter: Rechtsgutachten zur verfassungsrechtlichen Beurteilung des Staatsvertrages über die Errichtung der Anstalt des öffentlichen Rechts „Zweites Deutsches Fernsehen" vom 6. Juni 1961. In: Schriftenreihe des Zweiten Deutschen Fernsehens, Heft 3 S. 52—92.

Schuster, Friedrich: Funkhoheit und Unterhaltungsrundfunk nebst den in den drei westlichen Besatzungszonen geltenden Rundfunkgesetzen. APF 1949 S. 309—338.

Thieme, Werner: Deutsches Hochschulrecht. Berlin - Köln 1956.

Thürk, Walter: Zur Weiterentwicklung des deutschen Rundfunkrechts im neuen saarländischen Rundfunkgesetz. DÖV 1966 S. 813—818.

Ule, Carl Hermann: Besprechung der Monographie Reicherts „Der Kampf um die Autonomie des deutschen Rundfunks". DVBl. 1957 S. 459.

Vialon: Friedrich Karl: Haushaltsrecht. 2. Aufl., Berlin u. Frankfurt a. M. 1959.

Weber, Werner: Zur Rechtslage des Rundfunks. In: Der Rundfunk im politischen und geistigen Raum des Volkes. Denkschrift des Nordwestdeutschen Rundfunks, Rundfunkschule, Hamburg o. Jg. (1953), S. 63—74.
— Kommunalaufsicht als Verfassungsproblem. In: „Aktuelle Probleme der Kommunalaufsicht", Schriftenreihe der Hochschule Speyer, Bd. 19, Berlin 1963 S. 17—36.

Wilkens, Heinz: Die Aufsicht über den Rundfunk. Frankfurter Diss. 1965.

Wittkämper, Gerhard W.: Grundgesetz und Interessenverbände. Köln u. Opladen 1963.

Wolff, Hans J.: Verwaltungsrecht II, 2. Aufl., München u. Berlin 1967.

Zeidler, Karl: Gedanken zum Fernseh-Urteil des Bundesverfassungsgerichts. AöR Bd. 86 (1961) S. 361—404.

Ziegler, Eberhard: Deutscher Rundfunk in Vergangenheit und Gegenwart. Heidelberger Diss. 1949.

Printed by Libri Plureos GmbH
in Hamburg, Germany